Rote Liebe

Metropole Mutterstadt e.V.

Rote Liebe

Rosa von Praunheim im Gespräch mit Helga Goetze Sophia

Überarbeitete Ausgabe des 1982 im Prometh-Verlag erschienenen Buchs **Rote „Liebe"**

Gestaltung, Layout: Raimund Samson

Hrsg.: Metropole Mutterstadt e.V.
c/o metropole-mutterstadt@web.de
Bibliografische Information der Deutschen Bibliothek:
Die Deutsche Bibliothek verzeichnet diese Publikation in der
Deutschen Nationalbibliografie; detaillierte Daten sind im Internet über
http://dnb.ddb.de abrufbar.
© 2007 Metropole Mutterstadt e.V.
Herstellung und Verlag: Books on Demand GmbH, Norderstedt
ISBN 978-3-8334-9928-9

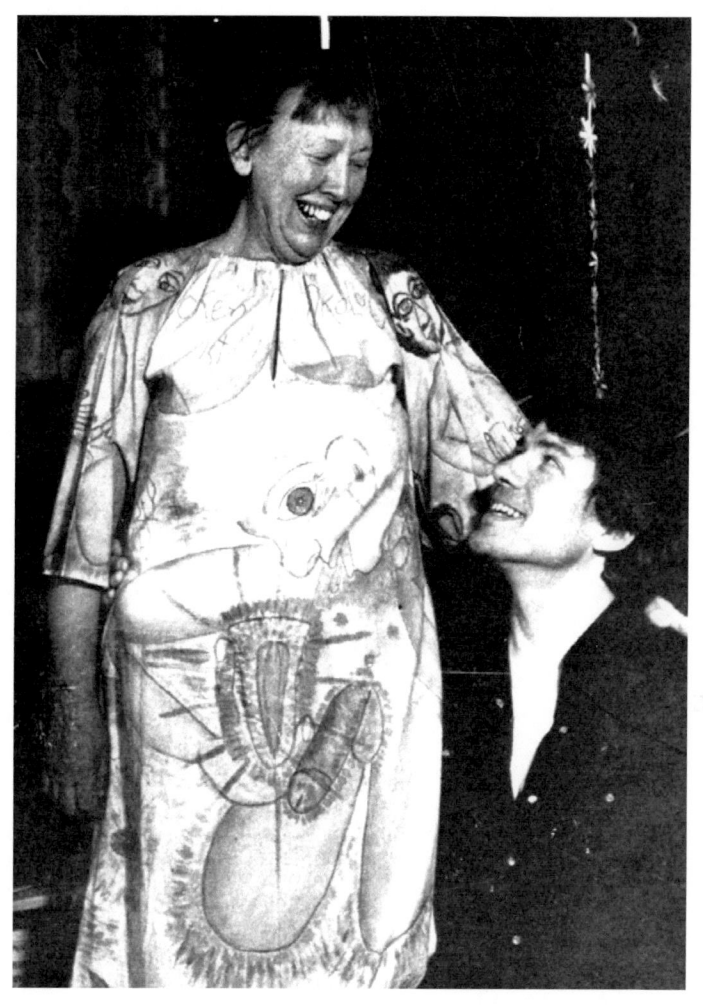

Helga und Rosa von Praunheim, Berlin, ca. 1982

Vorwort

Ich möchte mich stark machen für eine ganz tolle Frau: Helga Goetze. Sie ist sechzig Jahre alt, ist vor zehn Jahren von ihrer Familie und ihren sieben Kindern weggegangen und beschäftigt sich seither ganz radikal mit Sexualität. Sie trägt eigene Gedichte und Lieder vor, malt und spricht von ihren Erfahrungen, ihren Vorstellungen von freier Sexualität. Sie macht es provozierend, ganz persönlich und ungemein witzig und unterhaltend. Ob es in einer Kneipe ist, auf der Straße, in der U-Bahn oder auf einer Bühne – Helga fasziniert viele Menschen, besonders junge Menschen.

Ich persönlich finde Helga ungeheuer wichtig, sie ist vielleicht die wichtigste und radikalste Person, die zu diesem Thema was zu sagen hat.

Helga ist, wo immer sie auftritt, ein großer Erfolg und eine Provokation. Aber nicht deswegen setze ich mich für sie ein, sondern weil wir so viel von ihr lernen können. Unsere sogenannte freie Gesellschaft unterdrückt Sexualität von Kindesbeinen an. Wir haben uns ja längst an all die Repressionen so sehr gewöhnt. Wir haben resigniert. Uns fällt unsere eigene beschissene Sexualität nicht mehr auf. Helga ist eine Revolutionärin, eine Kämpferin, und es macht ungeheuren Spaß, sich von ihr mitreißen zu lassen.

Das vorliegende Buch ist die Abschrift eines dreistündigen Video-Interviews, das ich mit Helga Goetze in ihrer kleinen Wohnung in Berlin-Kreuzberg im Winter 80/81 geführt habe. Ich kannte Helga nur durch eine kurze Begegnung auf einer Talkshow von Volker Elis Pilgrim in Hamburg. In Berlin rief ich sie spontan an und verabredete ein Interview vor der Kamera.

Nach kurzen Begrüßungsfloskeln stellten wir die Kamera auf und fingen sofort an zu reden. Die drei Stunden wurden ohne Unterbrechung gedreht und vergingen ohne Anstrengung. Danach bauten wir die Kamera ab und gingen. Ich wusste selbst nicht, wie ich das Interview jemals verwenden wollte, dachte schon gar nicht an einen Film, weil das technisch mangelhafte Halb-Zoll-Video-Format ein schlechtes Ausgangsmaterial ist.

Helga beklagte sich später in einigen Telefongesprächen und vielen Briefen, dass ich nicht mit ihr ficken wollte. Ficken bedeutet für sie Kommunikation, und sie fühlte sich von mir ausgenutzt. Helga interessiert sich nur für Menschen, die den Anspruch haben, an ihrer Sexualität zu arbeiten, die sich verändern wollen. Vor allem aber will Helga ihre persönlichen Bedürfnisse befriedigt wissen. Ich will ficken, sagt sie, morgens, mittags, abends, dann fühle ich mich gut.

Das konnte und wollte ich ihr als Schwuler nicht bieten. Ich regte mich fürchterlich über sie auf, warf ihr vor, schwulenfeindlich zu sein und das Ficken nur als Machtmittel über andere zu benutzen. Ich warf ihr Frauenfeindlichkeit vor, weil für sie der Schwanz eine solch große Rolle spielt.

Unsere Freundschaft schien gefährdet, aber je mehr ich das Video-Band

Freunden zeigte, später auf einigen Veranstaltungen vorführte, desto mehr begriff ich, wie wichtig Helga für mich geworden war. Ich erkannte, wie spiessig ich mich mit meiner Sexualität eingerichtet hatte, wie wenig Perspektiven ich persönlich sah, für eine befreite Sexualität einzutreten. Ich hatte die allgemeine Resignation um mich herum akzeptiert. Die 68er Generation war zu den konventionellsten Lebensformen zurückgekehrt. Wohngemeinschaften sind ohne Anspruch geworden. Das Patriarchat triumphiert auch bei den Hausbesetzern. Zweierbeziehungen sind mit allen üblichen Konflikten der einzige Ausdruck der Zeit, Kinder und Jugendliche sexuell so verklemmt wie immer.

Das Rollenspiel funktioniert perfekt, trotz aller Scheinliberalisierung. Helga mit ihren revolutionären Ideen scheint eine Verrückte. Ich erkannte, dass wir die Verrückten, Festgefahrenen, Neurotischen sind und Helga eine der wenigen klaren, intelligenten, konstruktiven Menschen ist. Ich beschloß, Helga zur Hauptdarstellerin meines Films „Rote Liebe" zu machen.

Helga merkte, dass ich sie ernst nahm und willigte ein. Mit „Rote Liebe" ist für mich mein wichtigster Film entstanden, dessen Interview-Teil mit Helga Goetze hier zum ersten Mal in voller Länge in Buchform vorliegt.

In einer anarchistischen Regierung wäre Helga Goetze für mich die einzig adäquate Gesundheitsministerin. „Ficken für den Frieden" könnte ihr und unser Wahlspruch sein.

Herzlichst   Rosa von Praunheim (1982)

27 Jahre nach den Dreharbeiten

1980 produzierte Rosa von Praunheim mit einem Budget von knapp einer Million Mark einen Film, der auf einer Novelle der russischen Feministin Alexandra Kollontai basiert. In seinen Memoiren „50 Jahre pervers" (1993) berichtet er von den Dreharbeiten, die zum Desaster wurden. Der Regisseur war schwer deprimiert und suchte sein Selbstbewusstsein mit neuen Projekten wieder aufzumöbeln. Dann passierte ein kleines Wunder. Von Praunheim hatte gerade ein dreistündiges Video mit Helga Goetze aufgenommen und kam auf die Idee, die „moderne Sexaufklärerin" in seinen missratenen Streifen einzubauen. Helga wollte anfangs nur bei einer bestimmten Gegenleistung einwilligen. Nach etlichen Briefen und Gesprächen trat sie jedoch für 7000 Mark ihre Rechte an dem Video ab. So entstand ein Film, der durch Helgas Beitrag äußerst lebendig ist. Die Dichterin wurde mit ihrer radikal-authentischen und liebenswerten Art die alles überstrahlende Hauptdarstellerin. Die Reste des Spielfilms wurden, so Praunheim, „erträglich", auch wenn sie nur noch „Parodie bürgerlicher Verhaltensmuster" sind.

„Rote Liebe" wurde ein Erfolg, gelangte in die Programm-Kinos, hatte gute Besucherzahlen in Deutschland und in der Schweiz, wurde auf vielen internationalen Festivals gezeigt.

Als Helga mich fragte, ob ich bei der Neu-Auflage des Buchs mitarbeiten wollte, willigte ich spontan ein.

Die wandelnde Sensation (ein Phänomen)

Bei Helga Goetze Sophia scheiden sich die Geister. Sie polarisiert, vor allem bei öffentlichen Auftritten, wie keine andere Dichterin. Es gibt eine Fan-Gemeinde, bestehend aus dem Verein Metropole Mutterstadt e.V., der sich in Berlin gebildet hat, sowie FreundInnen, die in Briefkontakt mit ihr stehen. Darüber hinaus erfährt Helga immer wieder Zuspruch von Menschen aus allen Bevölkerungsgruppen, die zufällig auf sie treffen, etwa bei ihrer Mahnwache an der Berliner Gedächtniskirche. Weitaus größer ist die Zahl jener, die sie zwiespältig aufnehmen. Viele Leute sind interessiert, ja fasziniert, fühlen sich aber schnell von Helgas direkter, impulsiver Art abgestoßen bzw. irritiert. Sie ist super-intelligent und versteht Menschen als komplexe Wesen, vor allem in emotionaler Hinsicht. Sie lässt sich von niemandem ein x für ein u vormachen. Mit ihrer Haltung stößt sie, auch wenn sie mit besten Absichten kommt, im Nu auf Abwehr und Ausgrenzung.

Obwohl ich seit vielen Jahren ein Fan von Helga bin, schlage ich vor, dass man alle Positionen, auch negative Stimmen, akzeptiert und zu verstehen versucht. Vor allem sollte man versuchen, die Person selbst zu verstehen: Ihre Gründe, Motive, ihren Werdegang. Das Gespräch, das in diesem Buch abgedruckt ist, leistet dazu einen wichtigen Beitrag mit umfangreichen Informationen. Ich finde es 26 Jahre nach der Entstehung immer noch spannend und emotional aufwühlend. Von Praunheim ist ein geschickter Interviewer. Es gelingt ihm, das Gespräch auf die Punkte zu bringen, die die Leute am meisten interessieren. Es geht um die zentralen Fragen nach Sex und Liebe. Und: wie beides zusammenhängt.

Das Phänomen Helga Goetze Sophia beruht großenteils auf Nichtverstehen. Die Medien stürzen sich stets auf die Aspekte der Person, die die sensationellsten Berichte versprechen. Für die meisten Menschen ist Helga, logischerweise, identisch mit dem Bild, das Zeitungen und TV aus ihr machen. Dabei entsteht immer wieder Irritation durch die Rolle, die sie spielt, ja kultiviert. Helga möchte nicht als „Künstlerin" tituliert werden, sondern beharrt darauf, dass sie „Hausfrau" sei, die „nur genau wissen will", was es mit Liebe, Sex, Körper, Gesellschaft usw. für eine Bewandtnis habe. Nun hat Helga aber nichts von jener dummen Einfalt, die man leicht mit dem Klischee der „Hausfrau" verbindet, im Gegenteil, sie ist sehr vielfältig: in ihrer Sprache, emotionalem Ausdruck, aber auch in ihrem Vermögen, unterschiedlichste Menschen situationsbedingt zu verstehen. Kokettiert Helga Goetze mit dem Wort „Hausfrau" oder versteckt sie sich dahinter? Ich denke, dass der geschmähte Begriff ein Schutz ist; die Dichterin spinnt daraus einen Kokon, der ihr Raum zur Entfaltung bietet. Man sollte auch bedenken, dass sie einem verachteten „Beruf" auf diese Weise zu etwas Würde verhilft. Helga kennt den Alltag und Frust einer Hausfrau und Mutter von Kindern bestens, aus eigener Erfahrung. Natürlich eckt sie, auch damit, an, gerade in Intellektuellen-Kreisen.

Vielleicht lässt sich die Problematik, die die Person Helga aufwirft, auch so beschreiben: Obwohl sie sehr offen ist, ist es nicht ganz leicht, sich mit ihr anzufreunden. Lob hilft, schafft aber nicht immer Nähe. Helga hat großes pädagogisches Talent, sie nimmt aber nicht jeden als Schüler. Man kann Geld spenden, für den Verein, aber Helga Goetze lässt sich nicht vereinnahmen. Es gab Versuche, mit dem bürgerlichen Kultur- und Literatur-Betrieb zu kooperieren, aber Helga musste die Erfahrung machen, dass ihr Freiraum schnell eingeengt und sie mit Erwartungen konfrontiert wurde, die sie nicht erfüllen will. Über Sex schreiben: wieso nicht?, auch mit Wörtern wie „ficken", „Möse" usw. – das geht gerade noch. Damit lässt sich eventuell Geld verdienen. Aber eine Dichterin, die „ficken" nicht allein als literarischen Topos benutzt, sondern, der Gipfel!, den Herren aus dem Feuilleton oder der großen Verlage auch noch gewisse Angebote macht, auf deren Sex zu sprechen kommt - NEIN DANKE! Ich denke, daß die plötzliche Abkehr, die Helga 1973 nach anfänglicher Begeisterung seitens angesehener Verlage erfuhr, von dieser Ängste erzeugenden Direktheit herrührt. Die reale Person Helga Goetze Sophia kommt der projizierten Dichterin, von der man vor allem ästhetische

Leistungen erwartet, immer wieder in die Quere. Das „Ficken" wird goutiert – aber bitte nur als Literatur! Immer hübsch im Rahmen bleiben, im zugestandenermaßen radikalen Sprechen – aber bitte keine Übergriffe in die Realität.

Dabei hat Helga es genau darauf abgesehen: Die gesellschaftliche Realität zu verändern. Auf dass ihre Poesie Wirklichkeit werde, das „Wort" zu „Fleisch" (platt formuliert): So etwas gibt es in der christlichen Religion („und das Wort ist Fleisch geworden" heißt es in der Bibel bei Joh. 1,14) – aber Jesu Botschaft war nicht die freie oder befreite Sexualität.

Bei Helga gibt es *stets* einen Bezug zwischen theoretischen Anspruch und gelebter Praxis: sie setzt sich permanent mit sich selber wie auch mit ihrem sozialen Umfeld auseinander. Sie ist gefühlsbetont und zugleich reflektiert. Das können oder wollen jene nicht begreifen, die einseitig auf den Unterhaltungswert der „Sex-Oma" fixiert sind. Selbstverständlich geht es auch um die Rolle der Frau – aber da passt sie wiederum vielen Feministinnen nicht ins Konzept.

Auch Rosa von Praunheim geht es um die Änderung der Gesellschaft. Er hat sich fanatisch der Emanzipation und Gleichberechtigung der Homosexuellen verschrieben. Wozu auch gehört, deren Lebens-, Denk- und Fühlweisen künstlerisch Ausdruck zu verschaffen. Sowohl Helga als auch Rosa sind hochpolitisch. Um ihre Ziele zu erreichen, müssen sich beide taktisch verhalten, d.h. immer wieder die Öffentlichkeit suchen, Bündnisse eingehen, versuchen die Medien auf ihre Seite zu bringen. Von Praunheim scheint mir gewiefter, klüger, auch: dreister, skrupelloser (diese Einschätzung entstand bei der Lektüre seines eingangs erwähnten Buchs). Ästhetisch trennen die beiden Welten. Dort der scheinbar ausgeflippte, experimentierende, sich frei in den Schatztruhen der Hochkunst, aber auch des schlechten Geschmacks wie des Kitsches und der Trivial-Kultur bedienende Regisseur. Hier Helga mit ihren vitalen Kinderreimen, erzählenden Erlebnisgedichten (Volker Pilgrim verglich sie mit Wilhelm Busch), brachialen propagandaartigen Manifesten und feinste Stimmungen und Beobachtungen artikulierenden Sprach-Kunstwerken. Interessant wäre eine wissenschaftliche Untersuchung, um die diversen Ausdrucksformen, verbalisiert in Wortsprache und non-verbal in Mimik und Gesten, zu erforschen. Auf absehbare Zeit ist nicht damit zu rechnen. Helga würde sich gegen eine Untersuchung formaler Aspekte nicht sträuben, aber: akademische Reflexion und intellektuelle Kontroversen kommen für sie erst an zweiter Stelle. Wichtiger sind ihr inhaltliche Aussagen und, eng damit verwoben, Freunde, Freundinnen, Familie, Kinder und Enkel, Auftritte, das Dichten und die bildnerische Arbeit (seit vielen Jahren stickt sie regelmäßig Bilder).

Ein Faktor kompliziert das Verständnis für die Dichterin und wirkt wie ein Orkan-Wind in die Segel ihrer Gegner. Ich meine H.'s Sympathien und jahrelange offene Unterstützung für die AAO (Aktions-Analytische Organisation), die Kommune des österreichischen Aktionisten Otto Mühl. Gerade die Linken, die Mühl in den 70-er und 80-er Jahren bekämpften als „Faschisten", tun sich noch heute schwer mit einer auch nur ansatzweise objektiven Einschätzung des Kommune-Projekts. Das färbt negativ auf Helga ab, auch wenn sie, bei aller Begeisterung, Mühl nicht kritiklos zustimmt. Wer einmal in der AAO mitgemacht hat, aus welchen Gründen auch immer, und sich heute nicht total davon distanziert, wird selbst 17 Jahre nach dem Ende der Kommune noch diffamiert und ausgegrenzt. Immerhin meine ich aber auch so etwas wie eine leichte Auflockerung der verhärteten Fronten zu spüren, gerade bei jüngeren Leuten, für die Mühl eine legendäre Gestalt wird.

Meine Bemerkungen dienen, hoffe ich, einer Versachlichung. Damit wir trotz emotionaler Überfrachtung, trotz wahnwitziger Projektionen einen Blickwinkel finden, aus dem wir uns (auch) der Kunst Helga Goetze Sophias nähern bzw. uns mit ihr auseinandersetzen können. Es geht mir um Kompetenz – blinder Enthusiasmus und Schwärmerei nützen weder Helga noch dienen sie den von ihr propagierten Zielen und Idealen.

Raimund Samson, Hamburg (Februar 005 – Juli 007)

Ein Gespräch mit Helga Goetze

ROSA: Da war eben so'n schöner Satz. Du hast gesagt, du wolltest nichts mehr besitzen.

HELGA: Ja. Ich will bloß noch körperlich sein. Ich hab' alles schon gehabt, mein Ego ist so ausgefüllt mit Familie, mit Sachen, und ich will eigentlich jetzt nur noch an Körper 'ran, an Menschen. Bloß, wie ich es machen soll, weiß ich nicht, jeder hat sein Gefängnis, ich hab' grade vor ein paar Tagen gesagt: „Ich bin aus dem magischen Kreis rausgetreten. Und das ist für einen selber eine unglaublich tolle Erfahrung. Wenn ich jetzt die anderen Leute anhöre oder so, ist es wie ein elektrisches Feld oder so. Ein Mann hat mir gesagt: „Ich finde, daß du recht hast, daß DAS für mich stimmt".

ROSA: Wie lange bist du schon in Berlin?

HELGA: Ich bin jetzt drei Jahre hier in dieser Wohnung. Ein Jahr lang bin ich 'rumgeflippt, und seit zwei Jahren habe ich resigniert.

ROSA: Und vorher warst du in Hamburg?

HELGA: Vorher hab' ich dreißig Jahre in Hamburg gelebt, davon 27 Jahre in einer Familie. 1974 bin ich von meiner Familie fortgegangen und habe in Gruppen gelebt, zwei Jahre in einer Gruppe mit freier Sexualität und Gemeinschaftseigentum, und dann bin ich hier nach Berlin gekommen.

ROSA: Bist du in Hamburg aufgewachsen?

HELGA: Nee, ich bin in Magdeburg aufgewachsen, aber meine Mutter ist Hamburgerin, und dadurch sind wir, als gegen Ende des Kriegs alles ungewiß war, in die Hamburger Gegend gekommen. Dadurch bin ich 1945 in dieser Ecke gelandet.

ROSA: Bist du mit Vater und Mutter aufgewachsen?

HELGA: Ja. Meine beiden Eltern, ich und ein eineinhalb Jahre jüngerer Bruder. Mein Vater ist vor einer Woche gestorben. Er ist 91 Jahre alt geworden und hat die letzten Jahre im Altersheim vegetiert. Ich hab' mich hingesetzt und zwei Bilder gemalt. Das erste Bild, das ist der Haß auf meinen Vater.

Mein Vater war Marineoffizier. Das war seine große Zeit. Er hatte zwei große Zeiten, einmal den ersten Weltkrieg und dann den Zweiten. Ich kann nicht gut malen, aber ich habe immer das Bedürfnis, was auszudrücken. Ich hab' so 'ne Schiffermütze versucht zu malen, dann seine Uniform. Ich befasse mich im Moment mit dem chinesischen Horoskop, das hat mir mal einer in die Hand gedrückt, und das find' ich unglaublich literarisch. Mein Vater ist nach diesem chinesischen Horoskop eine Ratte, und da hab' ich eine Ratte gemalt vom Hals bis zu seinem Geschlechtsteil, und die Ratte hat ein Eisernes Kreuz erster Klasse und ein eisernes Kreuz zweiter Klasse, und in der Hand hat er sein Schießgewehr, er ist Schütze. Ich male, ohne mir was auszudenken, aber hinterher ist es unglaublich richtig. Blau hat was mit Denken zu tun und Lila hat was mit Schwulität zu tun. Mein Vater ist ein schwuler Denker oder ein denkender Schwuler, aber das ist erst wieder hinterher hochgestiegen. So, hier hab' ich die Natur hingemalt, hier unten ist die kleine Helga, und die hat eine Hand vor dem Gesicht und eine Hand vor dem Auge, weil ja das kleine Mädchen nichts sehen und nichts hören durfte. Hier oben strahle ich aus, aber hier unten ist ein Gitter davor, und vor meinem Geschlechtsteil hab ich eine weiße Schürze, keiner ist reiner, aber ein bißchen rot als Umrandung. So – dann hat mein Vater zu mir gesagt: „Ein Hahn kann immer!" Das war scheinbar sein Problem. Ich hab' deshalb einen kopulierenden Hahn gemalt. Ich hab' mal mit dem Schwanz meines Bruders gespielt, als er noch winzig klein war, drei bis vier Jahre alt, da hat mein Pappi gesagt: „Man sieht nicht und man fasst nicht an." Ich habe in dreißig Ehejahren nicht gesehen und nicht angefasst. Hier hab' ich einen pissenden Mann gemalt und 'n Baum.

Mein Vater hat gesagt: „Die Frau ist das Gefäß des Mannes." Da hab' ich mich mit geschlossenen Augen gemalt und 'ne Blumenvase und da ist'n Baby drin. Die Frau hat kleine Hände, die hat Beine, die 'rumbaumeln, weil eine Ehefrau ja keine eigenen Hände und keine eigenen Beine zu haben hat, und dies ist so, wie so'n Ei eigentlich. Das ist der Haß auf meinen Vater, Haß ist gleich Angst. Das weiß ich ja schon lange, daß ich total geil auf meinen Vater war. Meine Mutter war eh doof, ja? Mein Pappi und ich waren die einzigen Klugen in der Familie, ja? Das war die grosse Liebe.

Jedenfalls hat er keine Beine, weil er ja bei den Seeligen ist, nicht wahr. Ich wollte meine Mutter als Hintergrund malen und da hab' ich mir gedacht: „Ach die Wiese, meine Mutter!"

Sonntags sind wir als Kinder immer in einen Ruderklub gegangen. Ich hab' dieses Wasser gemalt, meinen Bruder und mich, und dann ist was ganz Merkwürdiges passiert. Mein Vater küsst meine Brust, ich hätte ja den Mund übermalen können, aber ich hab' den Mund durchscheinen lassen. Plötzlich, am Dienstag, Mittwoch, Donnerstag voriger Woche, hatte ich plötzlich Quaddeln an der Brust, am Rücken und auf dem Kopf. Ich denke: „Du hast gar nichts gegessen! Wieso hast du Quaddeln?"

ROSA: Was heißt das – Quaddeln?

HELGA: So roter Hautausschlag. Quaddeln? Kannst du dir das vorstellen? So'n roter Hautausschlag, ganz komisch. Wie Nesselfieber oder so. Und dann hab' ich gedacht: „Was hast du eigentlich gegessen?" Da fällt mein Blick plötzlich auf diesen Mund, und da ist mir folgendes eingefallen: Ich hab meinen Mann vor der Hochzeit nur dreimal gesehen. Ich hab' im Krieg geheiratet, und meine Mutter hat immer gesagt: „Hauptsache, die wirtschaftlichen Dinge klappen, die Liebe wächst in der Ehe, und als er das zweite Mal wieder vom Urlaub wegfuhr, da steht er auf dem Bahnhof und fängt an, so an meiner Brust zu spielen, und ich bin total geil, also, ich bin beinahe geplatzt. Da sagt mein Mann, so ohne sich was zu denken…

ROSA: Dein Vater meinst du, oder?

HELGA: Mein Mann sagt: „Das magst du wohl?" In dem Augenblick ist die Geilheit weg, also seit 40 Jahren hab' ich waaa, dreißig, fünfunddreißig Jahre, hab' ich keine Geilheit mehr in meiner Brust. Das ist plötzlich hochgestiegen. Weil ich mich sehr viel mit Psychologie befasse, da weiß ich, dass der Körper ein unglaubliches Gespür dafür hat, welche psychische Notwendigkeit da ist, um so'n Bild vorzuholen. Jedenfalls jetzt, da sind die Quaddeln weg, nachdem ich mir das klargemacht habe, dass es irgendwas mit Geilheit zu tun hat, die mir aber an sich verboten worden ist. Später hat mir mal ein Mann gesagt: „Die haben vergessen, dir die Geilheit in der Brust zu verbieten". Die Möse, das weiß ich, waa meine Mammi! Meine Mammi hat gesagt, da war ich ganz klein: „Helga, bitte die Hände auf die Decke!" Als ich mit zwölf Jahren meine Tage kriegte, meine Periode… da hatte ich morgens an den Fingern Blut. Ich dachte, MAMA! Was mache ich nachts wirklich unter der Decke? Man darf das nicht denken und wissen, bloß das Unbehagen ist da, also mit 12, 15, mit 20, mit 30, mit 40, immer wenn ich meine Tage hatte *(schreiend)*… zwölf Mal im Jahr immer sechs Tage, wieso hast du Blut an den Fingern? Bei der AAO, das heißt Aktionsanalytische Organisation, das ist eine Gruppe in Österreich, die mit der Sexualität experimentiert, da hab' ich meine Selbstdarstellung gemacht, eine ganz lustige, fröhliche Selbstdarstellung, ich hab' mich schön bewegt, und mit einmal sagen sie: „Helga, warum machst du solche Krallen?", und seit der Zeit weiß ich, das hängt mit dieser ganzen Geschichte zusammen. Jetzt ist der Ekel endlich 'raus aus den Fingern, so lange dauern die Sachen. Ich hab' soviel erzählt…

ROSA: Auf dem Bild fickst du mit deinem Vater? Das heißt also, du warst auf deinen Vater scharf? Wie hat sich das verändert im Laufe der Zeit?

HELGA: Na, das war so, ich hab' noch mehrere Bilder gemalt, weil das mein ganz starkes Problem war. Als ich drei Jahre alt war, mein Bruder war zwei oder vielleicht noch ein Jahr später, da waren wir nach dem Baden nackedei im Zimmer und mein Bruder hat breitbeinig dagestanden, und ich hab vor ihm gekniet und mit seinem Schwanz gespielt. Wir haben da gejubelt, das war eine unglaublich schöne Situation, und dann kommt mein Vater 'rein, waaa! Je, hat der da 'rumgeschrien: „Man sieht nicht, und man fasst nicht an!" Zehn Jahre ging das in unserer Familie: Man sieht nicht und man fasst nicht an. Mein Vater war ein sehr gut aussehender Mann und hat sich immer sehr aufgespielt, was er alles kann.

ROSA: Was hatte der für einen Beruf?

HELGA: Der war auf der Präparandenanstalt gewesen, der sollte Lehrer werden, weil der Orgel spielen konnte. Mein Vater stammt aus einer Orgelbauer-Familie. Mein Vater war der Hippie von 1900. Nach einer Sauferei ist er von der Schule verwiesen worden und zur See gefahren. Vorher hatte er noch nie 'n großen Dampfer gesehen. Aber er hat sein Kapitänspatent und sein Steuermannspatent mit Auszeichnung gemacht. Er war nachher der einzige Marineoffizier bei der Kaiserlichen Kriegsmarine ohne einjährigen Schulabschluß, also ich weiß das nicht so genau. Jedenfalls das waren für ihn sehr grandiose Zeiten.

ROSA: Auch im Zweiten Weltkrieg?

HELGA: Im Zweiten Weltkrieg war er Kriegsverwaltungsrat in Russland, und da war sein größtes Erlebnis, dass ihm die russischen Frauen die Hände geküsst haben, weil er ihnen Kindergärten eingerichtet hatte. Ich hab' immer gesagt, „Na hör mal, erst reißt du die Frauen aus ihren Familien 'raus und die Kinder verwahrlosen..." Ja, die Frauen haben ihm die Hand geküsst, das muß ein unglaubliches Erlebnis für ihn gewesen sein. Im Ersten Weltkrieg eben seine Kriegsauszeichnungen. Ich habe immer gesagt: „Menschenskinder, ihr schießt doch, da und da gehen doch Leute unter..." Er hat Bruttoregistertonnen vernichtet, von Menschen war da keine Rede!

ROSA: Du bist in Magdeburg aufgewachsen, in begüterten Verhältnissen?

HELGA: Nein, nein, denn mein Vater ist ja nach dem Ersten Weltkrieg in schlechter Verfassung zurückgekommen. Da waren die Verhältnisse nicht sehr begütert. Meine Eltern haben immer mühsam versucht, ihren Standard aufrecht zu erhalten, was eigentlich nur mit Hilfe meiner Großmutter ging. Die war berufstätig und hat den Haushalt meiner Eltern unterstützt. Mein Vater hat immer von den großen Zeiten geschwärmt, die hinter ihm lagen, später war er Vertreter bei einem Onkel, was ihm aber eigentlich nicht gemäß war, na ja.

ROSA: Wie war es in der Schule?

HELGA: Ich ging auf ein sogenanntes Ober-Lyzeum und hatte das große Glück, in jedem Aufsatz immer eine Eins zu kriegen. Ich hab' erst bei meinen Kindern nachher mitgekriegt, was Schule eigentlich bedeutet, wie schrecklich das ist. Ich hatte irgendwie ein gutes System. Deutsch, Geschichte, Erdkunde, Religion und Biologie eine Eins; Mathematik, wo ich nie hingehörte, da hab' ich irgendwann mal den Faden verloren, Chemie und Physik, also da wusste ich nicht, was das bedeuten sollte, in Französisch und Englisch, da war ich faul. Aber mit diesen fünf Einsern, da bin ich irgendwie unglaublich gut durch die Schule gekommen und habe viel Zuwendung gekriegt. Das war ein gutes System, weil ich mich nur für Sachen bemüht hab', die es mir wert waren. Ich hab' irgendwie schon sehr früh mitgekriegt, wie man besser durchkommt.

ROSA: In welchem Jahr bist du geboren?

HELGA: Ich bin Jahrgang 1922. Nach dem chinesischen Horoskop bin ich im Jahr des Hundes geboren, und nach unserem Tierkreiszeichen bin ich noch Fisch. Ich hab' das Buch über die chinesischen Tierkreise erst vor einem halben Jahr in die Hand bekommen, und da war ich baff. Da las ich, dass Hunde also erstmal für Emanzipation und Fortschritt sind und sehr bedürfnislos.

Hund/Fisch-Geborene haben reiche künstlerische Anlagen, sie leben in ihrer eigenen...phantasievollen Welt, doch die Konfrontation mit der rauhen Wirklichkeit bleibt ihnen nicht erspart. Sie sollten ihr verletzliches Selbstbewußtsein pflegen, dann können ihre künstlerischen Schöpfungen später reiche Früchte tragen. Ich dachte: Hallo, wer hat sich das ausgedacht? In zwei Jahren ist Jahr des Hundes, und wenn dann Helga nicht in aller Munde ist, dann scheiß' ich auf's Jahr des Hundes.

ROSA: Wie war denn deine Entwicklung unter Hitler?

HELGA: Ja. Da hat mir einer gesagt: „Du bist auch so'ne alte Nazi." Ich hab' dem geantwortet: „1933 war ich elf Jahre alt, hatte ich da Schuld? 1939 war ich 17 Jahre alt, hatte ich da Schuld?" Als der Krieg zu Ende war, war ich 23 Jahre alt und habe einen unglaublichen Schock gekriegt, wessen der Mensch guten Glaubens fähig ist: Hexen verbrennen, Juden vergasen! Rundherum traten alle wieder in die Kirche ein, weil die Kirche Care-Pakete ausgab und Plünnen verteilte. Da hab ich gesagt: Nicht um den Preis! 'Ne Institution, die im Mittelalter Choräle gesungen und dann Hexen verbrannt hat, die jetzt bis in die 50er Jahre in den katholischen Kirchen Karfreitag gebetet hat: Herr, vernichte die perfiden Juden! Papst Johannes der 23., glaub' ich, der hat das erst aus dem Karfreitags-Gebet 'rausgenommen. Hör mal, von wem lassen wir uns eigentlich verarschen?

Hitler war ein guter Sohn seiner katholischen Kirche, der hat das getan, was ihm als kleines Kind in die Ohren eingeflüstert worden ist. Ich hab' eben 1945 den ersten Schritt genommen, dass ich gesagt hab': Nicht um den Preis! In meiner Ehe haben wir jede Geburtstagsfeier selbst im Haus ausgestaltet, jede Jugendfeier, Hochzeitsfeier und auch die Totenfeier meiner Schwiegermutter. Das Grosse war ja, dass mein Mann alle meine Anregungen ausgeführt hat, bis ich nachher anfing, erwachsen zu werden, dann mussten sich unsere Wege irgendwie, aber auf eine unglaublich menschlich freundliche Art trennen.

ROSA: Erwachsen wurdest du mit wie vielen Jahren?

HELGA: 1968 hatte ich eine Begegnung. Ich war mit meinem Mann in Sizilien im Urlaub, in Mondello am Strand. Da kommt Giovanni, ahh ohh! Giovanni war mit mir gleichaltrig. Er war im Krieg drei Jahre Soldat in Deutschland. Mussolini und Hitler hatten sich gegenseitig abgesprochen, Adolf brauchte von Benito noch ein paar Waggons Jungs, da haben die erstmal in Sizilien angefangen, die in die Waggons 'reinzukippen und sie ohne Ausstattung in Kroatien auf's Feld zu kippen. So hat der Giovanni zwischen seinem 19. und 22. Lebensjahr hier bei uns gewohnt. Der war in Frankoforte/Oder und in Lipzia, das heißt Leipzig. Wir sangen plötzlich die gleichen Schlager, das war so irre. Giovanni und ich fingen da plötzlich an, ich tanze mit dir in den Himmel hinein... *(lacht)* Also, mein Mann und ich sind im Urlaub in Mondello, lernen den Giovanni kennen. Der hat sich mit seinem Auto zur Verfügung gestellt;

ich sprach damals kein Italienisch, mein Mann hatte mal ein halbes Jahr in Italien gearbeitet und wollte mir alles zeigen aus seiner Vergangenheit. Dann fing Giovanni an, mir über den Rücken zu streichen, Jesses! Waa! Ich dachte, so'n Schwein, waa, wirklich! Daneben steht mein Mann, und der fängt da im Dunklen an, Jesses!

ROSA: Da warst du wie alt?

HELGA: 46 Jahre alt. **<(8a)** *Ich bin in meiner Ehe nie auf den Mund geküsst worden, Giovanni war der erste Mann, der mich ahhh, Mama! Also jedenfalls hatten Giovanni, mein Mann und ich ein paar schöne Tage. Dann sagte Giovanni plötzlich, er wolle einmal mit mir allein zusammensein. Ich hab' zu meinem Mann immer Vadder gesagt, er hat immer Helga zu mir gesagt. Ich sagte: „Vadder, der Giovanni hat gesagt, dass wir einmal zusammen alleine sein wollen..." Da hat mein Mann zu mir gesagt: „Ich kann dich verstehen." Waa! Da bin ich zum ersten Mal aus dem magischen Kreis 'rausgetreten. Mein Pappi, der hat gesagt, ich kann dich verstehen! Ah! Ich wie ein kleines Mädchen: Giovanni, wir dürfen! Giovanni hatte das Glück oder Pech gehabt, dass seine Frau im Urlaub krank geworden war und mit den beiden Töchtern in Catania geblieben war. Giovanni hatte vierzehn Tage Spielraum, und ich sage mir, das passiert keinem deutschen Ehemann und das passiert auch keinem sizilianischen. Giovanni hat mich in ein Hotel entführt, und dann habe ich vier Stunden Kurzfassung gekriegt, was so die Konkurrenz zu bieten hat. Es hieß mal in einer Zeitung: Und dann bekam Frau Goetze den ersten großen Orgasmus ihres Lebens. Ich sag': Spinnt ihr? Dieser arme Giovanni, dass der mich da überhaupt in Bewegung gebracht hatte. Also, ich habe da ein Gedicht, als Dichter bin ich ein Genie, das will ich jetzt loswerden, und zwar heißt das Gedicht:*

> *DER SEXUELLE KNAST*
> *Eingeengt bei Mutter/Vater*
> *Enger noch bei dem Herrn Pater*
> *Eng und starr in Lehrermund*
> *Eng so eng in Lehrherrnkund*
> *Bundeswehr, oh Gott welch Knast!*
> *Sexualität in Hast*
> *Ohne Übung ohne Ruh*
> *Fällt der Ehodockel zu*
> *Mit dem einen engen Weib*
> *Gibt es engen Zeitvertreib*
> *Enger Knabe Hirne denken*
> *Weiss noch nicht mal was vom Lenken*
> *Zittern, Trieb, Erguß und Hast schafft*
> *Sexuellen Rammelknast.*

Das habe ich in einer sehr guten, freundlichen Ehe erlebt. Mein Gatte hatte sich bis 32 reingehalten für die Ehe. Wa! Wa! Wa! Wa!

ROSA: *Und du?*

HELGA: *Ich war 20. Ich war natürlich auch unberührt, hör mal!*

ROSA: *Und hattest den ersten Kontakt mit einem anderen, neben deinem Mann, mit 47 Jahren?*

HELGA: *46 jetzt genau. (Ende 8a)>* Und dann bin ich nach Hause gefahren. Unterwegs hab' ich angefangen, Italienisch zu lernen: io sono, tu sei – waa! Jesses! Das lerne ich nie, nie im Leben. Ich bin, du bist… jedenfalls, als ich zu Hause war, lagen schon zwei Briefe da, ich sollte postlagernd schreiben. Ich habe das große Glück gehabt, dass ich diese Beziehung ein Jahr lang ge-stalten durfte. Das heißt: ich habe zweimal mit dem Mann allein drei Wochen Urlaub gemacht, und er ist zwölf Tage zum Entzücken meiner ganzen Familie in Hamburg gewesen. Meine Töchter, die kamen: „Mutti hat da…" und so, und die eine sagte: „Mutti, das ist ja ein toller Mann." Die eine fing an zu weinen und benahm sich, was man schlecht nennt, weil sie Angst hatte, der nimmt Mutti weg. Ein Vierteljahr später, sie war 13, da sagte sie: „Mutti, du könntest ruhig mal drei Wochen wegfahren, wir machen das dann hier zu Hause." Ein Vierteljahr später hatte ich Geburtstag, da sagt sie: „Mutti, hör mal!" Dann hat sie mir eine Schallplatte geschenkt. *(singt)* Arrivederci Hans! Das war der letzte Tanz. Das Licht geht aus im Lokal, nun küß mich noch mal, eh wir nach Hause gehn.

Also, da hab' ich an diesem Kind mitbekommen, dass sie einen Lernprozeß gemacht hatte: Da sind Mutti und Vati, Mutti wurde schon so langsam eine Greisin, dann fing Mutti wieder an, beweglich zu sein. Da ist dieser Mann, und Mutti hat es schön gehabt und so. Warum sollte sie es nicht von Zeit zu Zeit schön haben, nicht?

ROSA: Gehen wir noch mal zurück, um biografisch kontinuierlich zu sein. Deine Eltern waren sozusagen Nazis?

HELGA: Nee! Die waren ihnen nicht fein genug. Meine Mutter war eine sehr praktische Frau. Die ging ins Rote Kreuz. Für die Damen in Magdeburg, da gab es die Frauenschaft, und da gab es das Rote Kreuz, und die Damen gingen ins Rote Kreuz. Damit sie pro forma irgendwas vorweisen konnten, trafen sie sich einmal in der Woche und nähten Baby-Sachen. Meine Mutter ist eine unglaublich lebenskluge Frau.

ROSA: Hatte sie irgendwas gegen Hitler? Konnte sie das ausdrücken? Wie wurdest du erzogen, praktisch…

HELGA: Meine Großmutter hatte ein Lebensmittelgeschäft in Wilhelmsburg und sie hatte einen Mittagstisch. Einmal in der Woche kamen die Juden Zinner. Wenn ich als Kind in den Ferien bei ihr war, da wurde einmal die Woche der Tisch sehr schön gedeckt, denn es kamen die Juden Zinner. Die waren Vertreter und es war eine unglaublich freundliche Atmosphäre. Die aßen bei meiner Großmutter, kriegten extra gekocht. 1933 war ich, wie gesagt, elf. Da hab' ich das mit den Juden irgendwie auf eine freundlichere Weise mitgekriegt, nicht dass zu Hause so Sprüche gemacht wurden.

ROSA: Hattest du ein gutes Verhältnis mit deiner Mutter?

HELGA: Nein, aber ich habe inzwischen mitbekommen, dass ich meine Mutter auch geliebt habe. Ich bin ein lang erwartetes Kind gewesen, und meine Mutter hat mich ein Jahr lang genährt. Das hab' ich so in Therapiestunden mitgekriegt. Mein Vater hat meine Mutter immer bewusst beschimpft: Schimpfschke! Die Olle! Woran soll sich ein Kind halten? Mein Vater war von Montag bis Freitag weg, er war bloß am Sonntag da, wir hatten nur einen Sonntagsvater, was sehr angenehm war, wir konnten uns immer in der Woche von meinem Vater erholen und er sich von uns. Meine Mutter war unglaublich sauer, dass ich immer mit meinem Vater 'rumschmuste, übrigens bis zum 13. Lebensjahr. Da habe ich mal auf seinem Schoß gesessen und gemerkt, der hat auch so'n Schwanz, so'n Ding zwischen den Beinen. Mir hat er gesagt: „Man sieht nicht, und man fasst nicht an." Der hat selbst… Waa! Von dem Augenblick an wollte ich mit meinem Pappi nichts mehr. Also nach diesem chinesischen Horoskop ist meine Mutter ein Hahn, eine sehr lebenstüchtige Frau. Hähne haben es so an sich, Kikeriki, Helga, dein Kleid! Paß auf dein Kleid auf! Ich meine irgendwie habe ich auch viel von der profitiert, weil sie lebensklug war. Mein Vater sagte mal: „Du bist ein ganz verlogenes Geschöpf." Das ist eine totale Gemeinheit, man hat ein phantasievolles Kind und sagt von dem: Es ist ein verlogenes Geschöpf. Da hat der später zu mir gesagt: „Du warst das reine Fragezeichen." Der hat überhaupt nicht mitgekriegt, dass ich mit 7-8 Jahren niemand mehr gefragt habe, weil ich wusste, von denen kriegst du keine richtigen Antworten. Ich muß mir alles selber zusammensuchen, was ich wissen will. Ich hatte als Kind ein schizoides System, das bedeutet: Ich hab' nie die Gefühle hochkommen lassen, sondern ich hab' sie beobachtet. Das ist gar nicht so gut, wenn man ein beobachtendes Kind dazwischen hat. Die haben mich in der Familie aber in Ruhe gelassen. Ich brachte ja immer in Deutsch eine Eins mit nach Hause. Mit mir konnten sie angeben. Unsere Helga! Aber ich hab' meine Mutter nie in dem respektiert, was eigentlich an ihr tüchtig ist, das geht mir jetzt erst langsam auf. Meine Mutter hat immer gesagt: „Mein Mann ist meine Aufgabe." Aufgabe heißt: Sie hat sich aufgegoben für diesen Mann, und deshalb ist sie auf mich sauer, ich hab' meine Pflicht nicht erfüllt. Wenn man eine Familie hat, dann muß man…

ROSA: Wie alt ist deine Mutter jetzt?

HELGA: 83, mein Vater ist 91 geworden, sie wohnt in Wilhelmsburg, also in Hamburg. Ich hab' das große Glück, dass mein Mann alles, was Familie ist, aufrecht hält, weil er selbst in einer geschiedenen Ehe groß geworden ist und er selbst an der Stelle entbehrt hat. Er musste ab dem dritten Jahre Ehemann-Ersatz für meine Schwiegermutter spielen. Er hat sein Leben lang bloß für dusselige Frauen erwachsen sein müssen, einschließlich für mich, verstehst du?

ROSA: Hast du einen Beruf gelernt während des Krieges?

HELGA: Nee. Also ich bin aus der Prima abgegangen, da hat meine Mutter gesagt: „Du heiratest ja doch mal und jetzt musst du noch Arbeitsdienst und Pflichtjahr machen." Da hab ich' einen Schreibmaschinen-Kurs gemacht. Es war sehr schwer 1939/40, da war ja ganz schwer unterzukommen. Mein Onkel hatte ein Baugeschäft in Hamburg, und da hieß es, du gehst zu Onkel Otto nach Hamburg, da kannst du dienstverpflichtet werden, und so bin ich bis 1942 im Baugeschäft meines Onkels gewesen. Da war eine gleichaltrige Cousine und eigentlich hatten wir es sehr schön. Wir sind in der Zeit viel ins Theater gegangen und ich hab' dadurch nicht erlebt, dass ich unter schlechten Dienstverhältnissen verpflichtet war. 1942 habe ich geheiratet, da bin ich noch mal ein Jahr nach Magdeburg gegangen, und dann war ich in anderen Umständen und bin nach Misdrou gegangen und hab' ein Jahr dort gelebt. Von da bin ich auf die Flucht gegangen mit einem einjährigen Kind und meiner Mutter.

ROSA: Dein Mann war Soldat?

HELGA: Ja. Er hat das Glück gehabt, der war in der Marine-Artillerie und den ganzen Krieg in Swienemünde. Sein Kapitän hatte kein Interesse, dass seine Offiziere wechselten, wenn er sich an sie gewöhnt hatte. Auf der einen Seite, wenn man jung ist, möchte man dies und das erleben, aber er hatte das Glück und ist die ganze Zeit in Swienemünde gewesen.

ROSA: Und was hat er dann später gemacht?

HELGA: Mein Mann ist gelernter Bankkaufmann, der war schon vor dem Krieg Prokurist bei der Deutschen Bank, und der hat dann nach dem Krieg vier Jahre bei meinem Onkel im Baugeschäft gearbeitet, das war für ihn eine unglaublich wichtige Zeit. Da hat er mit Maurern und Handwerkern zu tun gehabt und hat immer gesagt, das wäre eine sehr wichtige Zeit gewesen. Dann hat er das Glück gehabt, dass er 1950 wieder in der Deutschen Bank anfangen konnte. So hatte er nur vier Verlustjahre, und er hat dann 40 Jahre lang kontinuierlich als Prokurist der Deutschen Bank bis zu meiner Fernsehsendung gearbeitet. Danach ist er vorzeitig… pensioniert worden, weil ein Prokurist der Deutschen Bank seine Gattin bei Zeiten zur Ruhe bringen, sich von ihr trennen oder sie in eine Irrenanstalt einliefern muß. Ich hab' öffentlich z.B. über unsere Hochzeitsnacht gesprochen, mein Gott!

ROSA: Und diese Hochzeitsnacht hast du in deiner ersten Fernsehsendung beschrieben.

HELGA: Ja. Und das muß für die Männer überall ein furchtbarer Schock gewesen sein. Stell dir vor, dass ihre Frauen dann auch anfangen, darüber zu erzählen. Bei mir war es z.B. so: Ich hab' zu meinem Mann gesagt: „Ich habe meine Tage, ich glaube das geht nicht." Da hat mein Mann sich 'rumgedreht und geschlafen. Der hat mich weder gestreichelt noch angefasst, ich wusste überhaupt nichts. Mein Vater sagte zu mir: „Du wirst einen älteren Mann heiraten, der wird dich aufklären."

ROSA: War dein Mann älter?

HELGA: Zwölf Jahre älter.

ROSA: Hast du ihn geliebt? War das eine Liebesheirat?

HELGA: Ich hab' nie zu meinem Mann gesagt: „Ich liebe dich." Er tat mir irgendwie leid, als er mich fragte, ob ich ihn heiraten würde. Ich hab' gedacht, mein Gott, der ist schon dreißig. Wenn ich ihm jetzt auch 'ne Absage gebe, dann hat er nachher niemanden, keine Chance mehr. Und dann wusste mein Mann was von Nietzsche, wirklich, man heiratet primitiv! Das hat mir imponiert, ich hatte noch nie den Namen Nietzsche gehört. Ich holte mir „Also sprach Zarathustra" und eine Lebensbeschreibung. Dann hat mein Mann angefangen, mir zu schreiben. Er sagte, sieh mal, ich hab' doch nicht so viel Gelegenheit, dich kennenzulernen, aber wir können schreiben. Er hat mir jeden Tag geschrieben, und das tat mir leid. Ich fand ihn auch irgendwie nett. Meine Mutter hatte zu mir gesagt: „Hauptsache die wirtschaftlichen Dinge klappen, die Liebe wächst in der Ehe." Aber sechs Wochen vor der Hochzeit kriegte ich plötzlich Panik. Ich hab' gedacht, ich kann doch keinen wildfremden Mann heiraten! Ich bin zu ihm nach Swienemünde gefahren, das war im August, sechs Wochen vor unserer Hochzeit. Es war schönes warmes Wetter, ich erinnere mich noch, ich hab' mich da im Raum umgezogen, und er hat sich umgedreht. Am Strand war es aber irgendwie schön, da hab' ich gedacht, eigentlich kann ich ihn doch heiraten. Später hab ich mal zu ihm gesagt: Warum haben wir es damals eigentlich nicht gemacht? Da hat er mir geantwortet: „Ich hab' immer gedacht, wenn du nun nach Hause fährst, dann kriegst du einen roten Kopf, wenn sie dich danach fragen, und diese sechs Wochen konnte ich auch noch warten." Aber für mich wäre das viel wichtiger gewesen, wir hätten damals gefickt, weil da war eine Situation, das war ich! Und das mit dieser Scheißhochzeit und tatü und Standesamt und… <*(8b) ich war die Gattin des, nachher hat man immer gefragt: Ha ha! Was ist ihr Mann? Ihr Gatte? Ja, mein Gatte, der war Prokurist der Deutschen Bank. Ahh! Sie ist die Gattin des Prokuristen! Ich war gar nichts. Wer ich war, das, also… war unwichtig.*

ROSA: *Würdest du sagen, dass dein Mann eine wenig ausgeprägte Sexualität hatte, wenig triebhaft oder wenig sexuell war?*

HELGA: *Eigentlich war mein Mann sexuell, aber bei dem hab' ich mitgekriegt, dass, wenn die zärtlichen Strebungen und die sinnlichen Strebungen zerschnitten sind, das zwei verschiedene Aspekte sind. Also erstmal, ich krieg jetzt Panik, wenn einer was vom Vorspiel sagt. Wenn ich geil bin, bin ich geil, und zwar in der Möse, und ich erwarte, dass der Mann im Schwanz geil ist. In meiner Ehe hab' ich dreißig Jahre lang immer diese neurotischen*

Vorspiele gehabt, Haa! und Ohh! Und dann zum Schluß hat er zack, zack, zack, zack und sich dann rumgedreht und geschlafen. Jesses!

ROSA: Er hat sich um deinen Orgasmus nicht gekümmert?

HELGA: Das kann man auch nicht sagen. Er hat hinterher immer gesagt: „Da sind mir die Gedanken ganz weggelaufen," oder so. Der konnte ja gar nichts dafür, das waren zwei verschiedene Sachen. Wenn einer sich bis 32 reinhält für die Ehe, du, sein Wichsen, also das kannte er ja, nicht? Als ich mal sagte: „Weißt du eigentlich, wie schwul deine Ruderei war?" da hat er mich ange-schrien: „Das war Sport." Die haben immer geduscht, und mit den Augen ist es auch geil. Männer haben ja sowieso mehr Chancen, mit den Augen geil zu werden, wir Frauen haben noch nicht mal Chancen, mit den Augen geil zu sein, nicht wahr? Weil wir ja immer hinter verschlossenen Türen pissen müs-sen, für 30 Pfennig, Schweinkram. Und die Männer pissen umsonst. *(Ende 8b)>*

<(9) ROSA: Du hast praktisch regelmäßig mit deinem Mann Sex gehabt?

HELGA: Die Sexualität ging immer von mir aus. Ich hab' das nie erlebt, dass mich wer vergewaltigt hat. Ich hab' mindestens drei- bis viermal die Woche die Hand 'rübergelegt, und er hat auf mich reagiert. Mein Mann hat immer auf mich reagiert. Aber die letzten Jahre, irgendwas war verkehrt, aber… und zum Schluß waren diese ganzen Bänder der Handgelenke kaputt, weil ich mich bei der Fickerei immer zusammengekniffen hab' mit Fäusten und das so über mich ergehen lassen hab'.

Ahh! Und dann hab' ich mit 39 Jahren unserem Hausarzt gesagt: Er möchte doch mit meinem Mann mal sprechen, meine Ehe wäre so tot. Er sagte: „Mei-ne liebe Frau Goetze, das ist doch kein Thema! Das ist nun langsam für uns abgeschlossen, nicht wahr? Es gibt ja so viele schöne Sachen, auf die man sich konzentrieren kann, aber doch bitte nicht immer auf das!"

So, da wusste ich von meinem Vater, Mitte 40 ist es vorbei, da ist eine Frau 'ne Matrone. Mein Mann hatte mal zu mir gesagt, da war ich 35 Jahre alt, dass nämlich die Sexualität wirklich nichts mit Liebe zu tun hätte, und der Arzt hatte gesagt, das wäre ein Thema, das nun langsam für uns abgeschlossen wäre. Die drei Großen, Ehemann, Arzt und Vater, die für mich entscheidend waren, hatten mir nun beigebracht, mit 39 Jahren ist es vorbei. *(Ende 9)>*

<(10) Dann bin ich immer in Aktion gewesen, waa! Ich hab' ja soviel Energie. Ich war im Turnverein, beim Volkstanzen, ich war Übungsleiterin bei Vor-schulkindern, ich hab Bastelkurse gemacht und wissenschaftliche Vorträge besucht. Ich war wirklich in Bewegung. Mein Mann hat später mal zu mir ge-sagt: „Du hast sowieso bloß immer getan, was du wolltest." Was meine Ret-tung war! Denn dadurch, dass ich mich viel nach außen bewegt habe, gefragt habe, gewollt habe, dadurch sind ja auch die Wellen wieder zurückgeschla-gen, es war dadurch ja Bewegung in dieser Familie, aber irgendwie war ein

Loch da, da war nichts.

ROSA: *Das heißt, hast du praktisch in deinen Ehejahren... Habt ihr darüber gesprochen, hinterher oder... während des Sex, warst du...*

HELGA: *Also hör mal! Das war die heilige Handlung, und die passierte im Schlafzimmer, da wurde kein Wort gesagt... das Wort „Ficken", also wirklich, gab es nicht. TABU!! Bei uns in der Schule hieß eine Ursel Fick, da bin ich extra mal hingegangen in die Klasse und hab sie mir angesehen. (lacht) Wir hatten keine Wörter für DAS. Was Schwulität war, das wusste ich nicht... Ich war 1939 in einem Büro und da war so'n Lehrling – und der Chef hatte wegen Homosexualität ein Jahr Zuchthaus gekriegt. Da sagte dieser Lehrling: „Weißt du, weshalb er ins Zuchthaus muß," und dann sagte er: „Zwischen Männern und Frauen darf man, zwischen Männern und Männern ist es verboten." Nun hatte ich noch nie einen Schwanz gesehen und angefasst, ich hab also wirk-lich bis zu meinem fünfzigsten Lebensjahr sogar gedacht: „Was machen die nun eigentlich? Krempeln die sich ihre Schwänze ineinander?" Ich wusste ja nicht, was ein Schwanz ist. Das ging bei uns im Dunkeln, wenn ich den mal so gegen das Licht gesehen hab, fand ich das ekelhaft! Da stand sofort mein Vater da: „Man sieht nicht, und man fasst nicht an!" Meine Mutter stand ja da: Die Hände auf die Decke, waa! (Ende 10)>*

ROSA: Wie würdest du deinen Bewußtseinsprozeß erklären, wie du langsam zu dem gekommen bist, was du jetzt denkst?

HELGA: Was ich vorhin erzählt hab', dass ich als Kind meinen Eltern schon ganz früh nichts abgenommen hab', ich hab' mir von niemandem Wahrheiten sagen lassen, sondern ich musste selber dahinter kommen. Ich hab' sehr viel gelesen, lese jetzt immer noch viel, und dann habe ich eben 1945 die Kirche verweigert. Ich habe 1973 meine Biografie geschrieben (250 Seiten). Da gab es: 1.Kirche; 2.Bundeswehr; 3.Ehe. Und dann hab' ich jahrelang mit meinen Kindern in der Schule Ärger gehabt. Man denkt, Hamburg, das ist so eine freie Stadt, aber dann kommt die Schulleiterin und sagt: „Frau Goetze, unse-re Lehrer erteilen doch so einen schönen geschichtlichen Unterricht, Religi-onsunterricht, das ist doch für die Bildung!" Ich sag': „Wieso? Sie haben ein Konkordat mit der Kirche abgeschlossen. Sie müssen einen konfessionell ge-bundenen Religionsunterricht erteilen, die katholischen Kinder nehmen ja auch nicht an diesem Religionsunterricht teil, wieso sollen meine Heiden-Kinder an dieser Fehlinformation teilnehmen?" Damals war ich noch dumm, verstehste? Da kommt meine Tochter nach Hause und sagt: „Mutti, ich darf immer im Religionsunterricht dabeisitzen und malen." Da bin ich wieder hingegangen, hab' gesagt: „Wir haben das Elternrecht. Unsere Kinder sollen nicht am konfessionell gebundenen Unterricht teilnehmen, das bedeutet, dass sie auch nicht dabei sitzen sollen und malen. Noch haben wir diese Freiheit." So habe ich mit meiner Beharrlichkeit ewig Unruhe gebracht, aber welche Eltern halten das nun durch? Es geht ja auf Kosten der Kinder, weil nachher die Lehrer auch dumm reagieren.

<(12) ROSA: Wieviel Kinder hast du?
HELGA: Sieben, fünf Töchter und zwei Söhne. Jesses!
ROSA: Wann ist das letzte geboren?
HELGA: Als ich von zu Hause wegging, war die Jüngste 16 Jahre alt, sie wird morgen 22 Jahre. Ich weiß nicht, wann es zu früh ist und wann zu spät, dass man vom Zuhause weggeht. Ich würde auch nicht die Hand für mich ins Feu-er legen, wenn das Ganze zehn Jahre vorher passiert wäre, dass ich nicht zehn Jahre vorher schon weggegangen wäre von zu Hause. Ich habe das große Glück gehabt, dass ich meine Familie bis zu einem bestimmten Ab-schluß habe bringen können.
ROSA: Wie hast du deine Kinder sexuell aufgeklärt?
HELGA: Also, es hieß immer, Helga wird eine gute Mutter, die spielt so reizend mit den Puppen. 1944 ist mein erstes Kind geboren. Ich habe unserem Führer 1944 noch ein Kind in die Wiege gelegt, leider bloß ein Mädchen, aber besser als nichts. Da gab's 'n Buch, das hieß: Die deutsche Mutter und ihr erstes Kind, die drei obersten Pflegegrundsätze waren Ruhe, Ordnung, Sauberkeit – und da hab ich'n kleines Gedicht:

ALS MEINE MUTTER EIN BABY BEKAM

Da hat sie ein schlaues Buch und
Sie mich so nach Gebrauchsanweisung erzogen
Papieren, welch ein Fluch

Drei Gebote standen an oberster Stelle
RUHE, ORDNUNG UND SAUBERKEIT
Da stand nichts, es ist kaum zu glauben
Von Liebe und Wärme und Zärtlichkeit
Parieren musste ich wie ein kleiner Hund
Kusch! Friss! Und halte dich reine!
Und immer stand sie wie ein Wärter bereit
Und nichts konnte ich als Kind alleine

Und konnte ich als Kind nichts tun
Wie sollte ich es später?
Ich bin geblieben, wie sie mich zog
Ein anständiger, kläffender Köter

Und ich belle noch und ihr seid bloß noch anständig.

*Das wäre also genauso, als würde man einem Mann ein Buch in die Hand drücken und sagen: Nun ba'u mal schön ein Haus! Der deutsche Maurer und sein erstes Haus! Ich möchte mal wissen, was daraus wird. Krumm und schief! Du, ich war zwanzig und doof, ich bin von meinen Puppen in die Eh gerutscht, weil es hieß, das geht. **(Ende 12>)** Autofahren musst du wenig-*

stens mal lernen, Geige spielen auch. Das Kind, der erste Säugling, den ich jemals in meiner Hand hielt, war mein Säugling. Hör mal! Das ist eine totale Perversion! Nun hab' ich das grosse Glück gehabt, ich bin noch körperlich, ich hab' meine Kinder jahrelang an der Brust gehabt. Ich hab' immer dabei gelesen, das war bestimmt auch nichts Tolles. Ich konnte mich fünf Stunden am Tag aus der ganzen Familie rausziehen, hab' dann gemütlich gelesen und hatte das Baby total kommunikationslos an der Brust hängen.

ROSA: Hast du alle deine Kinder genährt?

HELGA: Ja, aber... die Neurose der Kinder ist schlimmer als die der Eltern. In meiner Familie brauchte ich meinen Kindern nichts zu verbieten, weil ich sowieso nichts über Sexualität wusste. Denen brauchte ich ja nichts zu verbieten. Eine Tochter war vier Jahre und im Kindergarten, da sagte sie abends im Bett zu mir: „Mutti, der Peter hat gesagt, wenn man da unten streichelt, das macht ganz viel Spaß!" Also! Ich möchte mein Gesicht nicht gesehen haben. Ich selber habe mit 32 Jahren das erste Mal gewichst. Meine Wichsphantasien, die sind sowieso schlimm. Ich muß immer vergewaltigt werden, immer bin ich bloß ein Objekt, die machen alles mit mir. Der Vater ist gesichtslos, delegiert es an den Sohn, und der Sohn muß ausführen, was der Vater ihm sagt. Zum Schluß darf der Sohn dann auch noch mal mitficken, also, wenn der Vater dann fickt, dann darf der Sohn auch noch mal mitficken, oder es ist eine ganze Schulklasse, die mit mir fickt, ich bin nur immer ein Objekt bei meinen Wichsphantasien, also alles bleibt gesichts- und körperlos.

ROSA: Dein Bewußtwerden kam praktisch erst viel später?

HELGA: Ja. Zuerst hab ich mich zwanzig Jahre lang um die Frage „Kirche" bemüht. Was ist Evangelisch? Was ist Katholisch? Was ist der liebe Gott? Wer sind die Juden? Wer ist Jesus? Was ist tattatata? Ich hatte niemanden, den ich fragen konnte. Dann war ich mal bei einem Volkshochschulkurs, da war so'n Pastor, der sagte: „Unsere liebe Frau Goetze, immer so ein bisschen in Natur und so!" Na und? Ich war sprachlos, ich wusste nichts. Aber nach zwanzig Jahren habe ich für mich in Ordnung bekommen, was Kirche bedeutet. Dann bin ich 1960 Mitglied im VK geworden. Ich war die einzige Mutter weit und breit, die das Interesse hatte, sich im Verband der Kriegsdienstverweigerer Informationen zu holen, dass die Söhne nachher fähig waren, diesen Verweigerungs-Prozeß zu führen. Später sagten mir Mütter: „Bei der Bundeswehr lernen sie doch endlich mal Ordnung!" Ich sagte: „Na hört mal! Da lernt man keine Ordnung, da lernt man, wie man sich gegenseitig am besten umbringt." Ich sagte denen: „Seid ihr irre? Ihr lasst euren Kindern im Religionsunterricht beibringen, Du sollst nicht töten!, und dann lasst ihr ihnen beibringen, wie sie in recht kurzer Zeit recht viele Leute umbringen." Ich wollte das nicht. Meine Söhne waren anerkannte Kriegsdienstverweigerer zu der Zeit, als das noch gar nicht aktuell war.

ROSA: Kannst du ein bisschen erzählen, wie das weitergegangen ist?

HELGA: Ich bin 1960 immer zu Vorträgen von Kriegsdienstverweigerern gegangen. Da haben wir z.b. über die Utopie des Friedens gesprochen, was hat Gandhi in Indien gemacht, um die Engländer auszuschalten? Was haben die Norweger im Krieg gemacht, um passiv Widerstand zu leisten? Das waren scheinbar ganz kleine Sachen. Ich hab' Ostermärsche mitgemacht, und dann bin ich von 1964 bis 1977 einmal im Jahr zu einer freien Akademie gefahren, wo es wissenschaftliche Vorträge gab. Ich hab' am Anfang keine lateinischen Wörter verstanden. Wenn die sagten „Ökologie", „Ökonomie" und „Ontologie", da hab' ich gar nicht gewusst, wovon die redeten. Inzwischen hab' ich diese Wörter dauernd im Wörterbuch nachgeschlagen und mir Kenntnisse ver-schafft. Nun ist es meine große Stärke, wenn mich Leute fragen, einfache Leute, kann ich ihnen Sachen erklären, weil ich mir das nämlich selber alles so mühsam beibringen musste. 1968 bin ich nach Sizilien gefahren. Bei der freien Akademie war das Tagungsthema gerade *Sinnlichkeit* und *Sexualität* gewesen, und ich war eine Woche lang durch viele Vorträge so vorbereitet worden, dass ich zu Giovanni offen sein konnte. Wir hatten noch eine Freundin mit im Urlaub, die von ihrem Mann getrennt lebte. Und später habe ich zu meinem Mann gesagt: „Warum hat die Gerda das nicht lieber mit dem Giovanni erleben können?" „Ach", meinte mein kluger Mann, „die wäre gar nicht fähig gewesen, so was zu spielen."
ROSA: Was für Vorträge hast du gehört?
HELGA: Wissenschaftliche Vorträge. Das war eine freie Akademie, die 1952 gesagt haben, in den Universitäten wird so viel geforscht, sind soviel Erkenntnisse angesammelt, und das kommt nie unter die Leute. Wir wollen mal versuchen, zu einem bestimmten Thema: „Der Einzelne und die Gesellschaft" z.B., Wissenschaftler zu holen, Biologen, Psychologen, Ärzte und Lehrer. Dort sollten Vorträge gehalten werden, zu denen einfache Leute auch Fragen stellen können. Es gab also immer einen Vortrag und hinterher wurden in kleinen Gruppen Fragen gestellt. Diese freie Akademie hat eigentlich meinen ganzen intellektuellen Prozeß gefördert. 1968/69 hab' ich dann mit Giovanni dieses sexuelle Erlebnis gehabt und anschließend italienische Sprachkurse besucht, im Ganzen vier Jahre. Ich spreche quasi perfettamente questa bella lingua. Mit dem Herzen, con cuore. *<(13) Doch dann mußte ich begreifen, daß der Giovanni seiner Familie nichts mehr erklären konnte. Der musste in Palermo bleiben und ich in Hamburg. Und da hat mein Mann mir wieder geholfen; es gäbe so Bekanntschaftsanzeigen im Hamburger Abendblatt oder in den St. Pauli Nachrichten! Ich hab' gedacht, spinnt der? St. Pauli Nachrichten? So ein Schweinkram, echt. Da hat er mir Zeitschriften mitgebracht, die ich so durchblätterte und dachte: Spinner! Kater sucht Kätzchen. Strenge Erzieherin gesucht! Doch dann hab' ich angefangen, auf Annoncen zu schreiben, z.B. „Junger Mann sucht Gespräch mit Atheistin oder Jüdin"! Mit dem hab' ich mich zweimal zum Kaffeetrinken in einem Cafè*

in der Stadt getroffen. Beim zweiten Mal fing dieser junge Mann plötzlich an, über meinen Oberschenkel zu streichen, und ich fragte ihn: „Können wir nicht irgendwo hingehen?" Da fiel er aus seinen ganzen Wolken 'raus und sagte: Nein! Ich habe ein möbliertes Zimmer und in einem möblierten Zimmer würde das nie gehen. In ein Hotelzimmer würde er eigentlich auch nicht gehen… Wenn er mal eine eigene Wohnung hätte… Ich sagte: „Du, ich möchte jetzt nach Haus." Da hat er mich angerufen, er hätte eigentlich ein ganz schlechtes Gefühl gehabt, er hätte noch ein bisschen bei mir bleiben müssen. „Na, ja!" sagte ich, „ist schon gut." Das ist 'ne Geschichte, die auch hätte wietergehen können, aber immer, wenn ich den magischen Kreis nachher überschreiten wollte, habe ich gesehen, dass es nicht ging.

ROSA: Was heißt eigentlich magischer Kreis? Du hast praktisch nicht mit denen auf Grund der Anzeige geschlafen?

HELGA: Doch, ich wollte mit denen ficken, aber das kriegten die ja nicht fertig. Ich schlaf' ja nicht mehr mit Leuten, sondern ich ficke. Ficken ist der Dialog zwischen zwei Gleichen, den es noch nicht gibt. Die meisten Leute rammeln, stoßen, bumsen und vergewaltigen. Vögeln ist die schöne Tierstufe, das ist so meine Version, ich hab' am Anfang meiner Ehe sicher noch gut gevögelt, weil ich total bewusstlos war, keine Kenntnisse hatte. Wenn nachher Information reinkommt und die Gefühle langsam in Unordnung kommen, dann fangen die Leute an, zu rammeln, zu stoßen, zu vergewaltigen, Selbstmordphantasien zu haben. Ficken ist eigentlich diese Bewegung. Wenn ich sage, ich bin fickerig, als Eigenschaft kann es jeder annehmen, da weiß man genau, dass es bei mir im Arsch sitzt, also bin ich fickerig. Wenn ich es tätig machen will, sitzt da die Sperre. Ficken ist einfach die Bewegung, hin und her, her und hin. Wir können uns zack, zack, zack, zack oder wir können uns auch ahh, ahh, ahh, ahh! Es kommt darauf an, wie wir uns bewegen, das Wort kann nichts dafür. Ficken ist ganz wertfrei, hin- und herbewegen. Wenn wir das gut können, mit Information, dann können wir strömen, und das ist das Gleiche wie Vögeln, aber mit Information. Beim Strömen brauchen wir auch keine Wörter mehr. Ahh! <u>Nun hab ich aus'm Zusammenhang jetzt wieder was erzählt, aber vielleicht kann man das nachher wieder in'n Zusammenhang bringen.</u>

ROSA: Dein Mann hat dich praktisch ermutigt, mit anderen Partnern zu schlafen. Meinte er, es wäre gut für die Ehe odor für dich?

HELGA: Für mich. Er war so erschöpft, dass er dachte, ich schaff' das nicht mehr.

ROSA: Hast du denn viel mit ihm darüber geredet?

HELGA: Nein. In unserer Ehe wurde über solche Dinge, also hör' mal… es war sehr schlimm eigentlich, nicht geredet. **(Ende 13)>**

ROSA: War das für dich eine Überwindung, diese Anzeigen aufzugeben?

HELGA: Das war ganz merkwürdig, wie ein Spiel. Ich fing an, eigentlich jetzt loszulaufen, als ob mich einer auf einen Berg gestellt hätte. Als hätte einer mir'n Schubs gegeben und gesagt: Nun lauf! Jetzt bin ich am Laufen, bin ich immer noch am Laufen.

ROSA: Hattest du damals schon geschrieben, warst du da schon literarisch?

HELGA: Es war tatsächlich so, dass ich schon in jedem Schulaufsatz eine Eins hatte. Es gibt da so'n Weihnachtsbuch, das habe ich für meine Familie gemacht. Wir haben am Totensonntag immer eine Kiste mit Erde gefüllt und kleine Zweige 'reingesteckt, so eine Landschaft, und mein Mann hat mir kleine Holztiere geschenkt. Außerdem hatten wir eine selbstgebaute Krippe. Es war eigentlich richtig warm bei uns.

UND EIN ATMEN GEHT DURCHS HAUS

Nun haben wir es geschafft
Feierlich und still ist's draus
Wir sammeln letzte Kraft
Kinder bauen in ihrem Zimmer für die Eltern auf

Unten wirkt die Mutter immer, bis die Tür geht auf
Weihnachtskerzen, Weihnachtslicht, heller Tannenbaum
Merken all' die Mühe nicht, staunen wir im Traum

Kleiner Baum mit deinen Flittern
Schöngeputzt geschmückt
Ach du brauchst nicht mehr zu zittern
Bist ins Licht gerückt

Ist dein Sterben auch gewiß
Hast das Glück gesehen
Vielen Wesen hier auf Erd'
Wird das nie geschehen.

Das habe ich für meine Kinder gemacht, ohne Anspruch. Jedes Kind bekam einen Vers, z.B.: „Die Mechthild, unsere Dicke, das ist eine ganz Schicke, wie sieht die Mechthild lustig aus, so wie ein bunter Blumenstrauß." Da haben sie sich immer gefreut. Aber ich habe das bloß als Spielerei genommen. Mich hat zum Dichter gemacht, dass mein Mann mir sagte: „Geh', aber komm' wieder, wir brauchen dich alle!" Danach hatte ich ja keinen, dem ich was vorjammern konnte. Ich konnte doch diesem guten Mann nichts vorjammern, der zu mir gesagt hatte, sprachlos, der hat sprachlos gesagt: „Ich schaff' das nicht mehr, ich will nicht, dass du leidest, du sollst leben, ich weiß bloß nicht, wie ich's machen soll." Nun, da habe ich angefangen, die Sachen aufzuschreiben, um den Druck loszuwerden. Ich les' eins, d.h. der Gockelhahn:

ICH WANDERE FRÖHLICH DURCH DIE WELT

Und geh' so auf Besuch von Hühnerhof zu Hühnerhof

Und scheu' nicht den Geruch

Da treff' ich Hähne, gockelfein
So plusterich und bunt
Und viele Hennen untertan
Doch dienstbar und gesund

Kikeriki so schrie der eine mir
So ist das nur gerecht
Ein Hahn und zwanzig Hühnerchen
Genau wie Herr und Knecht

Ich schiele so die Beine an
Von meinen lieben Hennen
Und rührt mir eine den Popo
Laß' ich die andern flennen
Ich bin der Herr und mein Hormon
Das gibt mir Recht und Sitte
Das Huhn ist eine Sache nur und gackt lieb
Danke, Bitte

Ist mir danach, dann krähe ich
Und wünsche, dass die Weiber den ganzen Tag und auch des Nachts
Sind meine Zeitvertreiber

Ich bin die Krone der Natur und berge stolz den Samen
Und Eier legt er noch und noch der Flor der lieben Damen

Sie sagen Gik und Gak
Nur wie ich es so will
Und krähe ich dann forder' ich
Die Weiber halten still

Und all' die Männer Gockelhahn
Die nehmen den zu Maß
Und wundern sich, wenn Langeweil' bestimmt den ganzen Spaß

Denn ohne Spannung und Ruck Zuck, wenn unser Männe will
Dann muß man ja, wer gibt sonst Geld?
Gehorsam halten still

Doch wenn wir streiken, Hühner he
Denkt doch darüber nach
Was macht dann unser Gockelhahn den lieben langen Tag?

Was ich erlebt hatte, das musste ich loswerden. So hab' ich mich hingesetzt und die Sachen geschrieben, aber ohne einen Anspruch.

ROSA: Du kanntest auch wenig kreative Leute um dich rum?

HELGA: Ich habe mit meiner Familie mitten im Wald gelebt, in Neugraben, das ist am Rande von Hamburg, bei den sieben Zwergen, hinter den sieben Bergen hab' ich gewohnt. Außer dem Turnverein, der in so einer kleinen Dorf-Gemeinde immer was Wichtiges ist, gab es nicht viel, höchstens noch die verschiedenen Schulen meiner Kinder. Dann hatte ich so'n Hausfrauen-klub, da haben wir zehn Jahre lang Kochrezepte ausgetauscht und Tatü, wer krank war, dem wurde ausgeholfen. Ich kannte keine Leute, ich war nie im Theater gewesen, ich hatte sieben Kinder, ja, ich weiß nicht, ob ihr euch das so richtig vorstellen könnt.

Ich hatte immer viel Rummel im Haus. Da war z.B. ein junges Mädchen mit einem unehelichen Kind ein Jahr bei uns, als die Jüngste elf war. 1972 bis 74 hatte ich Drogensüchtige im Haus. Von 1970 bis 72 habe ich auf Annoncen geschrieben und Annoncen in Zeitungen gehabt. 1970 hatte ich eine Annon-ce aufgegeben: „Suche poetische Begegnung". Daraufhin hat sich ein Mann gemeldet, ein Slovake, der sprach 14 Sprachen, er ist mit vier Sprachen groß geworden. Die Slovaken sprechen gleichzeitig Ungarisch und die Tschechen gleichzeitig Deutsch. Der ist in einer Ecke groß geworden mit allen vier Spra-chen. Ich hab nachher gedacht, wie kann man das schaffen! Der sang deutsch: „Oh Tannenbaum", und slovakisch sang er „Stille Nacht, Heilige Nacht". *(lacht)* Der Mann war ein Zwangsneurotiker. Ich hab' damals nichts von Psychologie gewusst. Der hatte einen Waschtick. Wenn von Liebe die Rede war, war er plötzlich im Badezimmer verschwunden. Ich dachte, wo ist der eigentlich? Ich habe noch eine halbe Stunde Illustrierte gelesen und so, dann bin ich durch die Wohnung gegangen. Da saß er und wusch sich, der wusch sich, der putzte seine Zähne, da konntest du sehen, dass die Mutter im Hintergrund stand und sagte: „Das nennst du Zähneputzen?" Ein hochklu-ger Mann, der klügste, den ich kenne. Der hatte Psychologie und Medizin stu-diert, und der hat drei Jahre lang versucht, mich kaputtzumachen. Der hat mich drei Jahre lang zur Schwulen umfunktioniert, ich durfte drei Jahre, jetzt kommt's nämlich, wieso hat Helga Goetze plötzlich Beziehung zum Schwanz, verstehst du. Ich durfte drei Jahre lang nur mit Hand und Mund an seinen Schwanz. Und zwar nachts von zwei bis drei, nachdem ich seine Wohnung gescheuert hatte. Seine Wäsche hab' ich die ganze Zeit gewaschen. Da fra-gen mich die Leute: „Warum haben Sie das denn drei Jahre getan?" Ich sa-ge: Ich hab' von dem Mann unglaublich viel gelernt." Ich hab' mal bei Casta-neda gelesen, der Krieger, der braucht Wohltäter und Lehrer. Mein Mann ist jahrelang mein Wohltäter und Lehrer gewesen, und als mein Mann nicht mehr mein Lehrer sein konnte, kam der und ist drei Jahre ein sehr strenger Lehrer gewesen. Der wichtigste Satz, den er mir gesagt hatte, war: „Du warst also eine gute Mutter." Klar war ich es. Hör mal! Jesses, nee! Ich habe meine

Säuglinge nachts schreien lassen, weil meine Tante sagte: „Das stärkt die Lungen." Jetzt ist es mir auf die Seele gefallen, Roswita ist am 19. Dezember geboren, die hatte Dezember, Januar, Februar immer draußen gestanden, das ist ja so schön, wenn die Kinder mal in der frischen Luft sind. Hör mal! Die hat nie geschrien. Die hat vor Schreck die Schnauze gar nicht aufkriegen können, weil es so kalt war. Wie muß die in ihrer Seele erfroren sein. Also Jesses! Ich habe in meiner ganzen Ehe meine Kinder nie gesehen, sondern ich hab' sie immer nur so gesehen, wie die Gesellschaft wollte, dass sie zu sein hatten: Ach, waren die niedlich! Die hatten so schöne blonde Locken! Zeugnisse, tatü tata! Jesses und dann kam der Satz: Du warst also eine gute Mutter. Waa! Ich war überhaupt keine gute Mutter. Ich war ein neurotisches Kleinkind, das nichts kapiert hatte, und fing langsam an aufzuwachen. Seit dem Erlebnis mit Giovanni war eine Tür aufgegangen, irgendeine Tür, ich weiß nicht, was für eine. Ich hab' angefangen, mir die Augen zu reiben. Wenn mein Mann mir damals nicht den Vorschlag mit den Annoncen gemacht hätte, dann hätte ich vielleicht diesen Giovanni auf den Thron gestellt. Ein lieber Mann, echt. Ich bin die einzige Ehefrau, die ich kenne, die keinen Grund hat-te, von ihrem Mann wegzugehen. Der hatte ja gesagt: „Geh, aber komm' wieder, wir brauchen dich alle!" Dann hat er 1972 die Eva kennengelernt. Das war ein großer Glücksfall. Eva war geschieden und in einer ähnlichen Situation. Ihr Mann hatte eine andere Frau, und als ich 1973 im Fernsehen so auffällig wurde, da konnte mein Mann zu Eva hingehen. Als ich von zu Hause wegging, hab' ich gesagt, die Eva kann doch ins Haus kommen. Sie lebt seit 1974 bei meiner Familie, also bei der Goetze Familie, nicht meiner. Seit 1975 bin ich geschieden.

ROSA: Wie hat die Eva auf dich reagiert?

HELGA: Die Eva ist unglaublich lieb. Ich hab' so dunkel das Gefühl, dass die ein paar Jahre als geschiedene Frau auch versucht hat, eigene Sachen zu machen, und da kommt man ja in entsetzliche Sachen rein, nicht wahr? Verheiratete Männer. Zu mir kam der eine immer und sagte: „Helga Goetze, eine halbe Stunde, dann muß ich wieder gehen." Da hab' ich ihm nach anderthalb Jahren gesagt: „Du, ich brauch' eine Nacht." Er sagte: „Das kann ich meiner Frau doch nicht erklären!" Ich sag': „Na hör mal! Ich hab' das jetzt ausprobiert. Ich muß mich auf irgendwas freuen können, ich muß wissen, jeden ersten Freitag im Monat kommst du. Dann hab' ich irgendwas, worauf ich mich einstellen kann. Du kommst, dann essen wir schön, machen wir eine schöne Nacht, und morgens frühstücken wir, dann gehst du. Mehr als einmal im Monat muß es nicht sein, aber die Nacht brauche ich, und wenn du das deiner Frau nicht erklären kannst, musst du darauf verzichten."

Ich hab folgendes Gedicht geschrieben, nachdem ich das anderthalb Jahre mitgemacht hatte.

HEUT RIEF MEIN KLÄUSCHEN WIEDER AN

Das ist ein schicker Mann
Der möchte so gern mit zwei mal
Weil er so dufte kann

Doch leider mangelt es an Zeit
Und Mutti darf nicht ahnen
So ruft er hin und wieder an
Will er in fremde Bahnen

So eine Stunde, hörst du das?
Und bring mir neue Bilder
Dann geil ich mich ein bisschen auf
Und werd' ein bißchen Wilder

Und unser Kläuschen sagt zu mir
Mann soll die Faulen hauen
Die Haare ab und in den Knast
Das sind doch solche Sauen.

Als Kläuschen dann ein ander Mal
Da sag' ich: Lieber Klaus
Man soll dich hauen, sperren ein in ein Gefängnishaus

Nanu! Warum? Sagt unser Mann und
Ich sag' ihm ganz bieder:
Gehört sich das für einen Mann zu hören meine Lieder?

Die Stories, die ich erzähl und diese geilen Bilder
Das tut ein Mann doch wirklich nicht, ein Mann ist doch kein Wilder.

Der sitzt bei seiner Ehefrau und seinen beiden Buben
Und geht zur Arbeit und nach Haus und lebt in seinen Stuben

Ich will jetzt keine Männer mehr mit haarigen Gewissen
Dann stinkt die ganze Liebe mir, das Bumsen und das Küssen

Sag' doch deinem Eheweib, ich kenn' da eine Nette
Mit der möchte ich so ab und an ganz gerne geh'n zu Bette

Und kann ich das mit gutem Sinn, da bin ich lieb und fröhlich
Und ganz vielleicht ergibt für dich ein Spiel sich manchmal ähnlich

Denn jeder Mann und jede Frau, die haben ihren Klang
Und variabler und vertieft wird jeder neue Sang

Wer Ordnung liebt und Sicherheit und fertige Gesetze

Auch das ist gut, bringt nicht viel Leid
Und auch nicht so'n Gehetze.

Doch wer ein bisschen Spielraum mag und manches fremde Leben
Muß wissen, dass die Liebe bleibt ein Nehmen und ein Geben.

Das war die Erfahrung von anderthalb Jahren. **<(16)** *Ich hab' das nur schaffen können, weil ich mich nicht gegen meine Familie wehren musste. Wenn ich noch Kraft hätte aufwenden müssen, denen da zu Hause was erklären zu müssen, da wäre ich ganz schnell resigniert. Aber ich hatte den Schutz des Hauses. Mein Mann hat sich vor mich gestellt, z.B. nach der Fernsehsendung, als ich mich ein halbes Jahr nicht auf die Straße getraut habe. Eine meiner Töchter hatte mit dem Schulorchester eine Aufführung, und da hab' ich meinen Mann gefragt, das war im Juni 1974, ob er mitkommt. Mein Mann ist freundlicherweise mitgekommen. Dann hat sich ein Musiklehrer der Schule neben mich gesetzt, mit dem ich zweimal gefickt hab'. Nun, da haben die Lehrer, Eltern und Schüler geglotzt… zum Schluß glotzte die Frau unseres Ortsamtleiters so, dass ich folgendes Gedicht schrieb:*

BEIM SCHULKONZERT

Frau Nachbarin, was schauen Sie
Ich sitze brav und stille
Und links ein Mann und rechts ein Mann
Das ist so frech mein Wille

Nun stieren Sie und kombinieren
Was mag die Frau so machen?
Und links ein Mann und rechts ein Mann
Sie tut mit beiden lachen

Frau Nachbarin, was denken Sie
Ich tu mit beiden boxen
In's Auge rein, die Fresse blau
Genau so wie die Ochsen

Das darf man doch, ich weiß genau
Das Boxen ist genehm
Und linksgehau'n und rechtsgehau'n
Findet dies Land bequem

Das Auge Blut, die Lippe Blut
Und Blut aus beiden Ohren
Das wärmt so schön, sieht lustig aus
Wir sind oft ganz verfroren

Denn was Sie denken, Nachbarin
Das dürfen wir nicht tun
Mit links einem Mann und rechts einem Mann
In einem Bette ruhn?

Das tut auch keiner, keine Angst
Wir sind so brav gerichtet
Und Zärtlichkeit und Hautkontakt
Wird prügelnd nur berichtet

Ich liebe dich, so schreit ein Mann
Und schlägt auf seinen Sohn
Das spürst du doch, du faules Aas
Ich will dein Bestes schon

Ich liebe dich, schreit eine Frau
Und lässt die Stöcker sausen
Sie schreit das laut, brüllt fürchterlich
Und alle kriegen Grausen

Ich liebe so, ein Kindlein weint
Ich liebe liebe dolle
Da kommt wie Gott die Obrigkeit
Das ist die eigene Olle

Frau Nachbarin, Frau Nachbarin
Sie brauchen nicht zu glotzen
Ihr Blick erkältet mich ins Mark
Und gleich beginnt das Kotzen. (Ende 16)>

ROSA: Kannst du mal die Fernsehsendung beschreiben? Wie war die aufgebaut? Was hat da so schockiert?

HELGA: Da wurden zwanzig Minuten aus einem vorher gedrehten Film, ein Interview mit meinem Mann, ein Interview mit zwei Töchtern und ein Interview mit mir gezeigt. Ich habe ungefähr die Geschichten erzählt, die ich eben auch erzählt hab', über meine Hochzeitsnacht und Giovanni. Mein Mann sagte: „Sie hat das Recht auf ihr eigenes Leben, und wenn sie jetzt andere Wege geht, dann bin ich nicht berechtigt, sie festzuhalten." Die Töchter meinten so ein bisschen verlegen: „Sie ist jetzt auch immer viel fröhlicher." Was sollten die da viel sagen? Und diese Sendung wurde hundert Leuten vorgeführt. Die sollten Fragen stellen. Das war sehr witzig. Da war Volker Pilgrim – ich hatte in der Nacht mit ihm Liebe gemacht – und saß also wie auf so einer Wolke, neben mir saß Frau Dr. Hedda Häuser als Gesprächsleiterin, Frau Dr. Just-Dahlmann, Staatsanwältin aus Mannheim und dann Wulfing von Rohr, der das ganze arrangiert hatte, und Clemens Kording, ein junger Nervenarzt, der mit dem Wulfing zusammen diesen Film gedreht hatte.

ROSA: Hattest du in dem Film schon über Ficken gesprochen? Hattest du das Wort schon genannt? Oder ging das mehr darüber, dass eine Frau in dei-nem Alter… Anzeigen, die noch…

HELGA: HAUSFRAU SUCHT KONTAKTE, so hieß der Film. Sie haben zu dritt 5 Tage bei uns in der Wohnung gedreht, wie meine Töchter die Badewanne schrubben, was die in der Wirklichkeit noch nie getan haben, und Geige üben. Dann haben sie mich beim Einkaufen aufgenommen, so ne Art Kaffeeklatsch. Dann sind sie aber mit mir zu einem Transvestiten gegangen, der sich zur Feier des Tages besoffen hatte. Da merkte ich erst mal, dass der total geil auf diese jungen Kameramänner war, dass der ja eigentlich schwul war, was mir bis dahin entgangen war. *(lacht)* Dann haben die Filmer ein großes Schild auf die Hauptstraße in Hamburg gestellt, und da stand: „Hausfrau, 48 Jahre alt, 30 Jahre verheiratet, hat Kontakte sexueller Art außerhalb der Ehe. Was sagen Sie dazu?" Dann haben sie eine halbe Stunde Volkes Stimme eingesammelt und hatten 40 % negativ und 60 % positiv, also von: „Können Sie mir die Adresse von der geben?" bis „Das Schwein müsste verbrannt werden!" Im Januar 1972 habe ich das erste Mal mitgekriegt, wie ein Volk reagiert, wenn man so was öffentlich macht.

ROSA: Hast du auch erzählt, wie diese Kontakte vor sich gingen? Wie du die Männer getroffen hast?

HELGA: Ja. Ja. Dieses Wort „Ficken" z.B. Zu meinem Sprachgebrauch gehörte das auch nicht, nicht wahr? Da hatte ich 1970/71 eine Begegnung mit einem Mann, der war zwei Jahre älter als ich und Pfarrer gewesen. Er war verheiratet und hatte große Kinder. Der hatte zweimal eine sexuelle Beziehung außerhalb seiner Ehe. Einmal mit einer Gemeindehelferin und einmal mit einer Sozialarbeiterin. Beim zweiten Mal hat seine Frau ihn beim Vorgesetzten angezeigt. Sie hat gesagt: „Hören Sie mal! Ein Pastor? Der ist nicht ganz dicht, schon das zweite Mal, Sie müssen ihn mal auf seinen Geisteszustand hin untersuchen." Zu mir hat der Pfarrer gesagt, dass seine Vorgesetzten ihn nicht begriffen hätten, aber das Fußvolk hätte ihn zu Fall gebracht. Ich sagte: „Du bist witzig, erst programmierst du dein Fußvolk, dann wunderst du dich, wenn die normal reagieren." Er hat also sein Amt mit fünfzig Jahren zur Verfügung gestellt, weil er gesagt hat: „Mein Jesus hat gesagt: Wer ohne Fehler ist, werfe den ersten Stein. Aber ich kann die Gesetze auch nicht erfüllen.." Er arbeitete als kommissarischer Leiter in einer Schule für geistesgestörte Kinder und hat noch mit 52 Jahren sein Sportlehrerexamen gemacht. Er hatte mir auf meine Annonce in den St. Pauli Nachrichten geschrieben. Da antworteten übrigens 25 sehr tolle Leute, alles Akademiker, weil das nachher hieß, „Ja, wer schreibt denn auf so was?" Ich hatte eine Annonce: „Weibliches Wesen, geistig vielseitig interessiert, sucht Begegnung in Körper, Geist und Seele." Aber die kriegten natürlich Heidenängste, als die hörten, dass ich verheiratet bin, einen richtigen Ehemann und sieben Kinder habe. Zwei Rechtsanwälte, mit dem einen hab' ich jahrelang nachher noch telefoniert. Der sagte, er hätte noch nie so ein intelligentes Gespräch geführt, aber was der für schöne Angst hatte, dass ich heil aus der Wohnung wieder rauskam, damit er keine Schwierigkeiten kriegte.

ROSA: Du bist zu denen in die Wohnung gegangen?

HELGA: Verschieden, da kamen auch welche nachher zu uns. Unser Haus war so groß und so eingerichtet, dass das ging, ohne Leute zu belästigen.

ROSA: Hast du mit allen gefickt, die du getroffen hast?

HELGA: Ja, ich denke immer, jeder muß eine Chance kriegen. Nicht, dass man wie König Drosselbarts Tochter von vornherein sagt: Bei dem passt mir die Nase nicht, bei dem... also, bei mir hat eigentlich jeder die Chance gekriegt. Manchmal hatte ich ein zweites oder drittes Mal auch nicht so viel Lust und habe manche Sachen auch sehr lange hinziehen lassen, so wie mit dem Slovaken, wo das drei Jahre lang ging. Das war ja eigentlich eine sehr dürftige Sexualität. Die Leute sagen dann: „Da hast du doch nichts bei gehabt." „Doch!", sag ich, „ich hab immer sekundäre Orgasmen gehabt, wenn man einen Schwanz anfasst... das ist ein elektrisches Feld, das geht auch durch meine Möse. Es ist irgendwie nicht richtig, aber es ist besser als nichts. Ich hab' sehr viel von dem Mann gelernt und für mich auch noch Genuß gekriegt, das war nicht ganz ohne Genuß.

ROSA: Hast du dich in der Zeit in verschiedene Männer verliebt?

HELGA: Giovanni, das war das, was man Liebe nennen kann. Und dann bin ich eben immer weiter gegangen, ich bin da nicht hängen geblieben. *<(11a) Ich wurde mal gefragt, wie viel Kontakte ich gehabt hätte. Ich sagte, na, vielleicht zweihundert oder so, ich in meiner Doofheit. Dann haben die nachgerechnet: Die Frau Goetze hat in drei Jahren zweihundert gehabt. Das macht jede Woche einen neuen Liebhaber. Sie wechselt die Männer wie Pullover oder so. da hab' ich gesagt: „Jede Woche einen neuen Pullover anziehen, ist ja an sich nicht schlecht. Jede Woche einen neuen Liebhaber, das wäre Klasse! Montag fangen wir an. Montag, Donnerstag, Samstag, Sonntag! Und dann schon wieder ein neuer Liebhaber! Wo gibt es denn bei uns in der Gesellschaft Liebhaber? Ich habe kaum einen gefunden. (Ende 11a)>* Na ja, mit dem Pfarrer, da bin ich etwa zehnmal einmal in der Woche hingefahren. Und der hatte zu mir gesagt: „Heute machen wir aber einen schönen Fick." Gott, hab' ich gedacht, was ist das für ein Sauloch! Aber der war dabei so herzlich und so intensiv. Das war einer, der viel mehr Kenntnisse hatte als ich, und plötzlich hat sich dieses Wort eigentlich mit seiner herzlichen Art verbunden. Der hatte den Habitus eines Pastoren, und wenn ich das die ganze Woche um mich hätte – den Habitus eines Pastoren – möchtest du das die ganze Woche um dich haben? Aber einmal die Woche war das gar nicht schlecht! Verstehst du? Einmal die Woche, da haben wir auch gut miteinaneinander gesprochen, und er hat mir immer Delikatessen aus den Läden besorgt. Und dann bin ich gerne hingefahren und bin auch gerne immer wieder weggefahren. Aber ne ganze Woche wäre der mir auf den Wecker gefallen. Jetzt ist es so, dass ich das Erste und Beste haben will, ich will nicht mehr das Zweitbeste haben. Da habe ich z.b. einen Studenten kennengelernt, mit dem hab' ich nach anderthalb Jahren den ersten großen Vaginalorgasmus meines Lebens gehabt. Ich war derart aufgerissen, dass ich anderthalb Tage, ahh, ahha, ahh… gedacht habe, das können die Leute ja nicht aushalten, Menschenskinder mit so einem kaputten Körper. Plötzlich ließ die ganze Gespanntheit nach. Der hat zu mir gesagt: Du große schöne Frau, du! Da hatte ich das erste Mal das Gefühl, jetzt bin ich gemeint, nicht irgendwie eine Attrappe oder ne Idee, sondern, waa! Das ist die Helga, die ist jetzt da und das ist die Frau. Ich weiß, was ein Vaginalorgasmus ist, leider hat man ihn viel zu selten, weil wirklich, da darf nichts Verlogenes mehr dabei sein. Wer schafft das schon?

ROSA: Wie lief die Diskussion bei der Fernsehsendung nach dem Film ab?

HELGA: Da meinte z.B. Frau Dr. Just-Dahlmann: Na ja, sie kenne auch solche Personen wie mich, die nenne man HWG. Da sagte ich, ja, HWG heißt häufig wechselnder Geschlechtsverkehr. Aber ich nehme kein Geld, und die Frauen, die Frau Dr. Just-Dahlmann kennt, die haben sich das finanzieren lassen. Ich brauche das nicht, weil mein Mann mich finanziert hat, sicher auch fehlerhaft aber… *(lacht)* Dann meldete sich z.B. eine junge Frau und sagte: „Es geht doch nicht, dass man sich extra ein Stück Kuchen leistet oder so." Da saß ein Fürsorger aus Hamburg im Publikum. Ich hatte das große Glück, dass Volker, Wulfing und Clemens für mich waren. Im Publikum saß Jan Wahls, der auch für mich war. Dann war da noch die Freundin von diesem Transvestiten, von dem ich erzählt habe, die sagte auch was sehr Wichtiges. Als ich sagte: „Ich rede nur für Randgruppen, über die Glücklichen brauchen wir nicht zu reden", da meldete sie sich: „Jede Frau über 40 ist in dieser Gesellschaft Randgruppe." Dann sagte ich: „Wenn einer ins Krankenhaus kommt, ist keiner gefeit, dass er nicht auch Randgruppe wird. Das geht so schnell. Eigentlich spreche ich für alle. Wer sich noch nicht getroffen fühlt, hat selber schuld. Aber viele fühlen sich getroffen. Also, es war derart überwältigend, dass die Beleuchter nach der Sendung zu mir gekommen sind und mich umarmt haben. Sowas hätten sie überhaupt noch nicht erlebt.

ROSA. Das war 1973?

HELGA: Danach gab es ja diesen großen Eklat. Werner Höfer forderte Lisa Krämers fristlose Entlassung. Es musste eine Dokumentation hergestellt werden, wie es dazu kommen konnte, diese Frau im Fernsehen auftreten zu lassen. Werner Höfer meinte, er wolle den Namen Helga Goetze nicht wieder hören, ihr Jargon verrate sie. Was heißt das, bitte schön? „Schichtenspezifische Sprache!" Eine Dame kennt gewisse Wörter nicht, und wenn sie die kennt, sagt sie die nicht. Wenn sie die sagt, ist sie keine Dame mehr. Ich bin eine Dame plus Jargon, ich bin ja mehr geworden, ich bin ja nicht weniger geworden. Auch Prof. Dr. Robert Jungk sagte vor zwei Jahren: „Was die Frau Goetze sagt, ist ja teilweise richtig, aber wie sie es sagt..." Und meine komischen Freunde, die überall sitzen, beim Fernsehen und sonst wo, die sagen: „Helga, du bist ja sehr tüchtig, aber deine Form, Helga, deine Form! Die Frauen der Sommeruniversität 1980 haben am letzten Tag die Polizei holen lassen, um mich wegzuschaffen wegen Hausfriedensbruch. Und dann sagte eine: „Man will sich doch mit der nicht in einen Topf werfen lassen."

ROSA: Warst du bei deiner Fernsehsendung sehr nervös?

HELGA: Nee!

ROSA: Hast du gleich den Mut gehabt, in der Öffentlichkeit alles auszusprechen?

HELGA: Ich war derart naiv, ihr könnt euch nicht vorstellen, wie naiv ich war. Du musst mal bedenken, ich hab' das schon erzählt, dass ich in der Schule jeden Aufsatz eine Eins schrieb, ich hab' mich immer getraut, dumme Dinge zu fragen, und ich bin da immer gut durchgekommen. Ich hab' mein ganzes Leben mit meiner nicht sehr qualifizierten Art Zuwendung gekriegt, und das hat mir eben bis jetzt geholfen.

<(15) Bei der Fernsehsendung war es so gewesen, dass ich die Nacht vorher mit Volker Pilgrim zusammen war. Wulfing von Rohr teilte mir mit, dass der WDR diesen Film aufgekauft hätte, dass da zwei Sendungen entstehen sollten und dass ich vier Stunden Fragen beantworten müsste. Da hab' ich gedacht, die armen Leute, die wissen gar nicht, wer du bist. Das ist doch eine Schande. Du könntest denen noch zwei Gedichte schicken, ein harmloses und ein aggressives Wesen. Und ich in meiner Doofheit schickte Frau Dr. Just-Dahlmann und Frau Dr. Hedda Häuser, Frau Dr. Lisa Krämer, Volker Pilgrim, den ich damals noch nicht kannte, zwei Gedichte. Das eine, harmlose, heißt: FICKEN IM MAI. Du siehst, ich hab das Wort schon damals benutzt. Paß auf, es ist ganz süß.

GUTEN MORGEN LIEBES SCHWÄNZCHEN

Wickel wackel nackedei
Machen wir doch gleich ein Tänzchen
Hin und her und rauf und rein

Kleines Schwänzchen, bist du müde?
Komm, ich geb' dir einen Kuß
Unser Tänzchen ist doch Freude

Ist kein leistungshartes Muß
Kleines Schwänzchen, sieh' mein Kätzchen

Schnurrt und ruft so sehr nach dir
Meine Höhle friert alleine
Gib ihn her, von dir zu mir

Kleines Schwänzchen, ist das möglich
Du bist ja ein großer Schwanz
Voller Freude, voller Feuer,
tanzt er seinen Liebestanz

Langsam, langsam wilder Großer
Meine Rose geht entzwei
Meine vollen Lippenblätter lieben zarte Tänzerei

Was! Du willst mich wie ein Cello geigen
Voller Kraft und Schwung
Ahh du Schwanz, mein Wundervoller
Ich bin wieder maienjung.

Das war das Harmlosere. (lacht) Paß auf, nun kommt das andere. Es heißt:

SPERMA, PISS UND MENSCHENKOT
Ich schlage meine Mutter tot
Meine Mutter, diese Sau, ist das Inbild jeder Frau
Tot die Sau, die Schweinefrau
Schön gelackt und angetan
Rouge die Wange, blitz der Zahn
Bauch und Arsch und Busen wären gut zum Schmusen
Diese Sau, die Lausefrau

Sie ist Wärter, ich gefangen
Wie im Käfig voller Bangen
Tag und Nacht in ihrem Schrei
Ihr ist alles einerlei
Ohne Ohren, diese Sau

Nennt man so was wirklich Frau?
Und das bin ich. (Ende 15)>

Nun, ich hab' diese Gedichte losgeschickt. Der Wulfing ruft mich an, schreit: „Helga, bist du nicht mehr zu retten? Die haben bei mir angerufen und gesagt: Das ist ja Pornografie! Das ist ja unerhört! So'ne Frau!" Da sagte er: „Nichts Schriftliches mehr, Helga, die brauchen gar nicht zu wissen, dass du Gedichte machst. Die sollen erstmal so..." (lacht) Ich hab' bei der Fernsehsendung ohne Zettel und Bleistift dagesessen und neben mir, die schrieben alle eifrig. Gott, dacht' ich, wie wird das werden? Dann wurde es so schön. Wenn ich ins Schleudern kam, war entweder Volker da oder Wulfing, da hinten saß Jan. Also, ich saß wie auf einer Wolke, mir konnte überhaupt nichts schief gehen. Vier Stunden habe ich Fragen beantwortet und bin nicht einmal ins Schlittern gekommen.

ROSA: Das wurde aber alles nicht gesendet?

HELGA: Doch! Das waren zwei Sendungen. Eine bei der ARD, die allerdings nur eine Stunde dauerte. Das war eigentlich schade. Die zweite Sendung im Kölner Raum lief zweieinhalb Stunden. Die Hamburger wollten auch diese zweite Sendung kriegen, das war irgendwie plötzlich ganz komisch. Da hat die Nordschau eine halbe Stunde gemacht. Sie haben Leute auf der Straße interviewt, was die zu der Sendung von Helga Goetze sagen, und sie haben Prof. Schorsch gefragt. Der hat sich sehr wissenschaftlich geäußert: „An Frau Goetze wird die emotionale Ausgehungertheit von Hausfrauen gut demonstriert.." Dann durfte nicht mehr gesendet werden. Ich habe unglaublich enthusiastische Sachen erlebt. Z.B. in der Nacht, nach der Fernsehsendung, hat mich Jürgen Becker vom Suhrkamp Verlag angerufen: Sie hätten den Dr. Unseld geweckt, und der hätte ihm freie Verfügung gegeben, er dürfte mit mir sofort einen Vertrag abschließen und wäre überwältigt von der Fülle der Möglichkeiten. Er meinte auch, dass das wissenschaftlich fundiert sei und emotionale Lebendigkeit hätte. Kiepenheuer und Witsch-Verlag hat mir geschrieben, sie wollten auch was mit mir machen. Nach 10-14 Tagen haben Wulfing von Rohr und Volker Pilgrim sich für mich einsetzen wollen, doch da war alles dicht! Alles dicht! Alles dicht! Clemens de Boor hat ein Institut für Konfliktforschung in Köln, der hat mir zwei überwältigende Briefe geschrieben. Er wollte mit mir sofort noch in diesem Jahr in Maria Laach zusammenarbeiten. Du, und eine Woche später, da war alles dicht!

ROSA: Wie erklärst du dir das?

HELGA: Ich bin ans Tabu gekommen. Das hat mir im Mai 1974 der wissenschaftliche Sekretär der Freien Akademie, der Medizinaldirektor Dr. Lothar Stengel von Rotkowski geschrieben: „Du musst Geduld haben, du bist die primäre Tabubrecherin. Ich habe das nicht verstanden. Ihr könnt euch nicht vorstellen, wie naiv ich war. Ich hatte von nichts ne Ahnung. Homosexualität z.B. – mit meinem Freund Wolfgang hab' ich ein halbes Jahr zusammengelebt, der ist schwul. Durch mich werden viele Männer bi. Jetzt spiele ich mich auf, aber sie trauen sich dann auch mal, mit einer Frau zu ficken, weil die wenigstens vernünftig redet. Wenn ich sag', dass durch mich Männer bi geworden sind, hört sich das ein bisschen billig an, aber ich will nicht, dass das billig ist. Der Wolfgang hat zu mir gesagt: „Du hast doch gewusst, dass ich schwul bin?" „Nee", sag' ich, „ich hab gewusst, dass du drei Jahre mit Helmut zusammengelebt hast, aber ich möchte auch gern mal mit Helmut zusammenleben. Helmut mag ich, das hat für mich nichts mit Schwulsein zu tun, sondern das ist eine Beziehung von Mensch zu Mensch, ob das ein männlicher Mensch ist oder ein weiblicher Mensch. Ich habe keine Lust, mich in so einen Kasten reinzusortieren."

ROSA: Was machst du für einen Unterschied zwischen Liebe und Sexualität?

HELGA: Für mich ist es ja keiner. Die Leute wollen mich angreifen und sagen: Du willst bloß körperlich. Aber, was heißt – bloß körperlich? Ich bin mein Körper. Wenn ich sage, ich brauch' einen Mann bloß zum Ficken, dann gucken die Männer mich an, als ob ich wahnsinnig sei. Ich habe gelernt. Ich bin eine emanzipierte Frau. Ich besorge meine Kohlen allein, ich bezahle meine Miete, ich bezahle meine Krankenkasse. Für solche Sachen hatte ich früher immer meinen Sklaven, und den brauch' ich nicht mehr, verstehst du? Ich würde unglaublich gern einen Gefährten haben, der meine Arbeits- und Lernprozesse mitverfolgt – leider kann ich mir nicht mehr vorstellen, dass das einer möchte – aber ficken kann ich wirklich nicht allein.

ROSA: Versuch das mal zu erklären, mit Liebe und Sexualität und so, du hast dich praktisch in der ganzen Zeit nie verliebt…

HELGA: Weißt du, das ist so, ich bin ein Fisch, ich weiß nicht, ob du was von Fischen verstehst, Fische hängen mit ihren Gefühlen immer drin, bei mir ist keine Beziehung zu Ende. Z.B. hab' ich mit diesem Wolfgang 1974 ein halbes Jahr zusammengelebt. Der war schwul. Das erste Vierteljahr haben wir im-mer vor dem Einschlafen fünf Minuten unglaublich intensiv, aber dann hat er sich umgedreht und ist sofort eingeschlafen. Das war der erste Mann, mit dem ich zusammen schlafen konnte, ahh! Mit Wolfgang abends ins Bett zu gehen, das war der Himmel! Wirklich, an seinem Rücken einschlafen… Dann fing er an, jede Nacht wegzulaufen, jede Nacht um halb elf, das war wie im Märchen! Wenn das Glöcklein halb elf klang, dann klappte schon die Tür. Gegen Morgen kam er total abgejackelt nach Hause, legte sich ein bis zwei Stunden schlafen, stand pünktlich auf, ging zur Arbeit, kam um 17 Uhr nach Hause, legte sich hin, und dann, um halb elf, bam, bam, rannte er wieder los.

ROSA: Wie alt war der?

HELGA: Der war so Anfang dreißig. Er hat mich angeschrien: „Du verstehst mich gar nicht richtig. Ich will das ja gar nicht, jede Nacht einen anderen auf-reißen." Wolfgang, das war nämlich das Schöne, das war kein Intellektueller. Da habe ich das, was Schwulität ist, ehrlich mitgekriegt. Was die Intellektuel-len da für wissenschaftlichen Quatsch drumrum erzählen! Aber bei Wolf-gang, da hab' ich das mitgekriegt, dass so'n Vater gesagt hat, als er seine beiden Söhne beim Wichsen erwischte: „Solche schwulen Säue, die wären bei Hitler vergast worden." Mit 17 haben sie ihn von zu Hause rausgeschmis-sen. Dann ist er mit einem Freund in einem Hotel gewesen, und der Freund hat sich das Leben genommen. Da haben sie zu ihm gesagt: Er hätte sehen müssen, dass sich dieser ältere Mann, der mit seinem Auto sich so'nen jungen Mann mitnimmt, das Leben nehmen wollte. Das wäre unterlassene Hilfeleistung gewesen. Da hat er zehn Monate Knast gekriegt, ein 18-jähriger, und, weil er schwul war, Einzelhaft. Als er entlassen wurde, wollten die Eltern nichts mehr von ihm wissen. Dann habe ich mitgekriegt, wie kameradschaftlich Männer sind. Wolfgang musste dann von Dortmund nach Hamburg ziehen und bekam unglaublich viel Hilfe von Männern. Die waren auch untereinander sehr kameradschaftlich. Ich hab' mich wirklich bei diesen Schwulen unheimlich wohl gefühlt, ganz viel Wärme, Nähe und Freundlichkeit erfahren. Frauen sind viel isolierter.

ROSA: Noch mal zurück zu Liebe und Sexualität. Du machst keine Unterschiede?

HELGA: Gefühle müssen wachsen, das ist so, wie ein Garten. Ich hab' mich oft verliebt, einmal z.B. in Michael. Das war ein 22-jähriger, der nannte sich Wiener Student. Er ist mit 12 Jahren ins Kinderheim gekommen, weil sein Vater Säufer war, und wenn ein Kind in ein Kinderheim kommt, weil der Vater Säufer ist, dann müssen entsetzliche Sachen vorgegangen sein. Der hat mir erzählt: Weihnachten wurde altes Zeug über den Zaun geschmissen, das war Weihnachten bei Säufern. Einmal ist er zu seiner Mutter ins Bett gekrochen, als der Vater in der Kneipe saß, und da hat die Mutter ihn aus dem Bett geschubst. Das war sein Schlüsselerlebnis, er wollte seine Mutter trösten, wollte ihr helfen, aber sie hat das gar nicht begriffen und ihn aus dem Bett geschmissen. Mit dem hab' ich also, als er zu uns in die Wohnung kam, dreimal gefickt, und das war unheimlich intensiv. Am vierten Tag sagte er: „Was willst du hier? Geh nach unten!" Der war ein halbes Jahr bei uns. Er machte alle Frauen an, und alle Frauen waren geil auf ihn. Nach drei Tagen sagten die zu mir: „Ich weiß gar nicht, der Michael ist immer so gemein zu mir." Eines Tages kam Michael mal zu mir und sagte: „Helga, du bist immer so weit weg! Ich habe gar keine Nähe mehr zu dir." Ich sagte: „Paß mal auf. Das ist wie ein Garten. Da gibt es vier Beete. Ich will das mit dem Garten erklären, weil das schön anschaulich ist. Wenn ein Beet nicht gepflegt wird, wenn man also nur drei Beete bearbeitet und sich ums vierte nicht kümmert, weil man keine Zeit und keine Kraft mehr hat, dann wachsen da die Brombeeren, das Unkraut und die Brennesseln. Nach einem halben Jahr möchtest du wieder in den Garten gehen und wunderst dich, dass du keinen Zugang mehr hast zu diesem Stück Garten. So ist das mit der Liebe auch. Das muß gepflegt werden.

<(11b) ROSA: Versuch doch mal, Unterschiede zu beschreiben. Es gibt doch Unterschiede im Sexuellen. Ein Körper ist unterschiedlich, ein Gesicht ist unterschiedlich… Wie bewertest du…?

HELGA: Das Bewerten habe ich mir abgewöhnt. In der Gruppe mit freier Sexualität, in Hamburg, wo ich gelebt hab', da war Christoph. Er war klein, zier-

lich und leicht verpickelt. *Das war ein Mann, der mit 23 für sich entschieden hatte, dass ihn in dieser Gesellschaft kein Mädchen ansieht. So ist er vier Jahre lang in den Puff gegangen. Das war einer der wenigen sexuellen Partner, der real mit mir umgehen konnte. Wir haben morgens aus dem Schlaf heraus gefickt. Er kam abends immer sehr angespannt nach Hause, und wir haben eine Stunde zusammengelegen und meistens zum Abschluß noch mal gefickt. Dann hatten wir bis Mitternacht in der Gruppe sehr viele Aktivitäten und sind dann noch um den Block gegangen. Zum Einschlafen haben wir noch mal gefickt. Sonnabend/Sonntag machten wir Rollenspiele. Mit dem hat-te ich die Sexualität, die ich mir wünsche. Obgleich Christoph überhaupt nicht der Mann ist, wo man verliebt drauf sein kann. Wenn die Tür ging, hatte ich kein großes Gefühl für ihn, wenn er im Zimmer war, hatte ich kein großes Gefühl für ihn, aber wenn wir die Hände aufeinander legten, da passierte einfach was. Der hatte eine unglaublich schöne schwingende Art und konzentrierte sich immer auf das Gefühl in seinem Schwanz. Ich konnte merken, dass er total bei sich war, der hat keine Wichsbilder dazwischengelassen. Mit dem hatte ich einfach eine gute Sexualität. Nach zehn Monaten ist Verena dazwischengekommen, eine 17-jährige. Da packte Christoph die Große Liebe. Er fuhr total auf Verena ab. Verena war in einer geschiedenen Ehe groß geworden, die hasste ihren Vater, hasste ihre Mutter, ihre Großmutter und ihren kleinen Bruder. Wenn du 17 bist, versteckst du deinen Haß noch nicht. Christoph, der wusste in der Beziehung immer nicht, ist sie jetzt gerade ihre Großmutter, ist sie jetzt ihr Vater, ist sie ihre Mutter oder der kleine Bruder. Christoph, das Arschloch, spielte dann immer noch Papi, und da war Verena natürlich total sauer. Wie kommt sie dazu, mit so'nem Scheißpapi, der ihr immer gute Ratschläge gibt und so, was zu machen. Die hatten anderthalb Jahre eine Beziehung auf Leben und Tod. Christoph sagte: „Das war furchtbar! Die war geil, und ich konnte sie nicht ficken, die hat mich nicht an sich rangelassen."*

Dann ist Verena weggegangen. (Ende 11b)> Christoph war im vorigen Jahr vier Tage bei mir und auch in diesem Jahr Ostern. Im vorigen Jahr war das sehr dürftig, da war er sehr verletzt und Mamas lieber Junge, der es mir recht machen wollte, aber das war kein tolles Gefühl füreinander. In dem Jahr, in dem wir uns nicht sahen, hat er Gesangstunden genommen und ein 2jähriges Kind betreut. Er hat Musik gemacht, an einem Theaterworkshop teilgenom-men und war diesmal unheimlich vertieft bei mir. Wir hatten vier unglaublich schöne Tage. Vor zwei Tagen rief er mich an und sagte: „Helga, ich hatte gar nicht mitgekriegt, dass du mir damals Liebesbriefe geschrieben hast. Die lese ich jetzt." Stell dir das vor! Nach drei Jahren sind ihm meine Liebesbriefe als Liebesbriefe aufgegangen. So lange dauerte das, versteh mal! Christoph will jetzt zu Janov nach Amerika fahren. Er hat sich 20000 Mark zusammengespart und möchte eine große Therapie machen. Ich persönlich möchte gerne Gruppen einrichten mit Leuten, die an der Sexualität arbeiten wollen. Da soll Christoph auch dabei sein. Neuerdings hat auch Verena an Christoph wieder geschrieben. Sie ist schon in Amerika und macht eine große Urschreitherapie mit. Das ist mein System. Ich hab' ein gewährendes System, das Gefühl hat für Wachsen. *<(17) Jeder muß das Recht haben, seine eigenen Wege zu gehen, seine eigenen Erfahrungen zu machen. Ich will mit Leuten, die wissen, dass Zweierbeziehung nicht mehr geht, was zusammen machen. Ein Neurotiker will immer den anderen in sein System 'reinbringen. Das ist furchtbar, es geht um Leben und Tod, weil ein Baby will das andere Baby zur Mama oder zum Papa machen, und das sind total verlogene Beziehungen. (Ende 17)>*

ROSA: Können wir kurz noch mal weitergehen. Also 1973 war die Fernsehsendung. Was passierte danach? Dein Mann hatte dann Schwierigkeiten?

HELGA: Ja. Wobei das so war, dass mein Mann sich eigentlich verbesserte. Er hatte dann einen Privatvertrag mit der Bank und konnte durchaus seine Kenntnisse besser anbringen. Er hatte dann dreimal die Woche eine Beratertätigkeit bei einem reichen Mann und war dadurch plötzlich nur noch drei Tage tätig. Er hatte nicht mehr den Personalärger, den man als Prokurist bei der Deutschen Bank hat, und das war für ihn immer eine große Belastung. Es hat sich dann eigentlich für meinen Mann positiv geordnet. Ich bin 1974 von zu Hause fortgegangen, und in der Zeit war Volker Pilgrim für mich sehr wichtig. Der hat immer gesagt: „Die Emanzipation beginnt über die eigene Ökonomie, und wenn du wischen gehst." Nun schien es ja zuerst so, dass ich mit meinen Gedichten was machen könnte. Bei meinen Gedichten weiß ich, dass ich ein Genie bin, weil ich schwierige Tatbestände einfach sagen kann. Das ist eine große Kunst. Aber ich hab' dann schon mitgekriegt, dass sie keiner wollte.

ROSA: Du hattest ein Buch gemacht, und das erste Buch hatte der Filmregisseur im eigenen Verlag 'rausgegeben.

HELGA: Ja, die haben mir alle Gedichte aus der Hand gerissen. Die Fernsehsendung war im August 1973, und sie wollten im Oktober zur Buchmesse in Frankfurt ein Buch vorlegen, weil sie wahrscheinlich mit Recht annahmen, dass das alles werbemäßig sehr günstig sei. Aber es passierte dann genau dasselbe, was ich überall erlebte: Kein Buchhändler hat sich das Buch auf Lager genommen. Das Buch heißt: HAUSFRAU DER NATION ODER DEUTSCHLANDS SUPERSAU. Manche sagen z.B., wenn der Titel „Zeugnisse eines Aufbruchs" wäre, das steht auf der Innenseite: Helga Goetze Zeugnisse eines Aufbruchs, dann hätten die Leute sich damit identifizieren können, das wäre besser gewesen. Ich habe das Buch erst fertig in die Hand ge-kriegt, ich hatte keinen Einfluß darauf. Volker und Wulfing sagten: „Das ist ein Gag! Werbemäßig wissen wir Bescheid, und das Buch wird ein großer Erfolg." Volker hat sich zwei Jahre total gewundert, der ist nämlich von 1973 bis 1975 ganz viel in Frauengruppen gewesen und hat immer gesagt: „Holt doch die Helga Goetze! Wieso muß ich immer mit euch reden? Da gibt es doch eine tolle Frau!" Vor mir hatten die Frauen *<(1) totale Ängste*. Da hat Volker obendrein in München erzählt, dass er mit mir gefickt hätte, und die Frauen waren entsetzt, weil jede Frau weiß, in welcher Preislage man zu ficken hat, jedenfalls nicht mit einer solchen alten Tante, die da peinlich redet.

ROSA: *Was bedeutet für dich Alter?*

HELGA: *Ganz mit mir in Einklang gekommen bin ich 1977. Ich habe im Holocaust-Film als Statist mitgespielt. Ich war zu der Zeit in Österreich, in dieser Kommune von Otto Mühl, da war ich schon seit 1975 öfter gewesen. 1977 war ich viereinhalb Wochen da. Da hieß es, die Amerikaner drehen in Wien einen Film, sie brauchen zwanzig junge Frauen als Statisten, ob ich mitkäme? Da waren noch zehn Frauen aus dem Obdachlosen-Asyl, und als wir uns nackt ausziehen mussten, da genierten sich diese Frauen. Ich sagte: „Hier ist keine Mamma, und ihr kriegt doch Geld für das Ausziehen." Da hab' ich an mir selber gemerkt, dass ich plötzlich diese schiefen und krummen Frauen angucken musste. Eine hatte den Arsch so hängen, die andere hatte den Busen so hängen, und plötzlich war mein Auge interessiert. Das war alles gelebtes Leben, das war keineswegs vor Alter hässlich. Da hab' ich mir das so klar gemacht: Wenn du eine Reihe junger Birken siehst, dann achtest du auch nicht auf den einen Stamm, denn der hat ja noch keine Gestalt. Aber wenn du einen einzelnen Baum siehst, einen alten einzelnen Baum, hier ist ein Ast abgebrochen und der ist knorrig und windschief oder so, dann wirst du aufmerksam und findest den schön. So hab' ich mich mit mir versöhnt, das ist meine Gestalt. Ich hab' z.B. einen Nabelbruch, dazu hat Volker gesagt: „Das ist dein Knubbel, das kann man auch im Dunkeln erkennen."*

Ich zeig' auch meine Brüste auf der Straße. Einmal sagte eine junge Frau: „Das Nähren verdirbt die Figur!" „Na", sage ich, ich weiß nicht. Ich hab' sieben Kinder immer ein Jahr genährt, meine Brüste sind ein bisschen weich, wie Pudding, aber manche mögen Pudding. Die Geschmäcker sind, Gott sei Dank, verschieden. Ich nehme ja auch kein Längenmaß mit und meß' die Schwänze ab, sondern die Gefühle, die ich dadurch kriege, das ist das, was ich will.

ROSA: *Du kriegst nach deinem Auszug immer noch Geld von deinem Mann?*

HELGA: *Ich wollte meine eigene Ökonomie machen. Ich bewarb mich beim Arbeitsamt. Da war eine sehr nette Bearbeiterin, und die sagte: „Für Sie haben wir was Passendes. Bei der Caritas, bei den knastentlassenen Männern, da wird eine Wirtschafterin gesucht. Da stellen Sie sich mal vor!" Ich bin hingegangen, eine 52jährige seriöse Frau, mit meinem Zertifikat, das hab' ich von meinem 44. bis 46. Lebensjahr gemacht, ich bin staatlich geprüfte Hauswirtschafterin. Ich war eben immer in Aktion, immer in Aktion. Und dann hab ich bei der Caritas als Wirtschafterin angefangen. Am 9. Tag kam Herr Adler, das* *war sein Name. Herr Adler kam an und dann so'ne kleine Mama Papagei im Hintergrund als Zeugin: „Frau Goetze, kommen Sie bitte in die Küche!" Die Tür ging zu: „Sie sind fristlos entlassen." Ich: „Wieso denn das?" „Sie wissen doch, wer Sie sind." Ich sagte: „Hab ich nicht gut gearbeitet?" „Doch! Wir haben Sie eine Woche lang beobachtet und da ist gar nichts vorgefallen." Ich sag: „Was soll denn da vorfallen? Ist das pervers, wenn nichts vorfällt? Denkt ihr, ich spring die alle einzeln an?" Da hatte mir einer gesagt: Seine Olle ist fremdgegangen, als er im Knast war. Ich sagte: Was heißt „fremdgegangen"? Die hat einen getröstet, du freust dich auch, wenn dich eine tröstet. Das konnten die verstehen, aber die sollten ja nichts mehr verstehen! Jedenfalls war ich total fertig. Heute würde ich damit besser umgehen können, aber 1974, gerade flügge von zu Hause, weißt du, ich war so stolz, dass ich's bis dahin geschafft hatte und nun sagen die also raus! Ich lief zum Arbeitsamt. Eine Mitarbeiterin dort sagte: „Wir wissen jetzt mehr über Sie, wir können auch nichts mehr für Sie tun." Ich kriegte Panik und lief zur Gewerkschaft. „Sind Sie Mitglied?" „Nein." Da bin ich nach Hause gegangen und lag drei Tage im Bett. Ich habe in meinem Leben ganz wenig Depressionen gehabt, aber damals hab' ich gedacht: Jetzt ist es aus! Das schaffst du einfach nicht, das schafft man nicht. **(Ende 1)> <(2a)** Da hat mich einer angerufen und sagte: „Hör mal, wegen so was darf man nicht fristlos entlassen werden. Es gibt eine öffentliche Rechtsauskunft, die kostet sechs Mark, und da gehst du hin." Ich hab' mich wieder aufgerafft. Da war eine nette Juristin. Dann hab' ich einen Arbeitsgerichtsprozeß geführt, in dem ging es nicht nur um mein Geld. Im „Stern" und „Spiegel" stand auch was darüber, und da hieß es nachher: Haben wir damals gelacht! Ich verstand überhaupt nichts mehr. Um meine Person hab' ich nicht mehr gekämpft, weil ich gegen Praline zwei Prozesse verloren hatte. Praline hatte gesagt: ich wäre geisteskrank, psychisch gestört, exhibitionistisch, nymphomanisch und an Promiskuität erkrankt. Promiskuität ist HWG, häufig wechselnder Geschlechtsverkehr, ich muß das immer erklären, das ist bei den Männern eine hohe Ehre, und bei den Frauen ist das einfach eine Schweinerei, ein krankhafter Zustand! Ich habe den ersten Prozeß verloren, und meine Freunde sagten: „So geht das ja nicht." Sie haben Henry Miller und die ganze Geschichte der Weltliteratur 'rangeholt. Da haben die Richter bloß gelacht und gesagt: „Eine Hausfrau mit sieben Kindern! Die soll sich nach Hause scheren, wo sie hingehört – von wegen Dichterin – mit diesen paar Knüttelversen…" **(Ende 2a)>***

ROSA: Wie war der Prozeß, gegen wen hast du protestiert?

HELGA: Praline hatte einen Bericht über die Fernsehsendung gemacht und hatte einen Psychologen als Berater, der immer so seine Bemerkungen machte: Diese Frau ist psychisch krank…

(2b) ROSA: *Du wolltest das verändern, was hat dich daran gestört?*

HELGA: Ich will ja an mir aufzeigen, wie kaputt alles ist. <u>Daß ne junge Frau</u>

nicht ihr Baby als erstes Baby in der Hand halten darf. Alles im Leben muß *gelernt werden.* *Sexualität muß gelernt werden!* *Jetzt bin ich so radikal, ich sag' Ficken ist Ökologie, ich sag', alle Schulen müssen geschlossen werden, alle Kinder müssen ein Jahr lang schmusen und ficken und an den Agressionen arbeiten, die sind derart aggressiv, das kann man sich überhaupt nicht vorstellen, wenn man mit denen keinen Kontakt hat. Mir haben elfjährige Mädchen erzählt, sie hätten sich schon eingeteilt in gute Jungs, schlechte Jungs, gute Mädchen, schlechte Mädchen. Was bedeutet das? Alle Mädchen sind geil auf die guten Jungs! Ich sag': Was machen die schlechten Jungs? Das interessiert keinen, der Mensch ist zur Ware gemacht worden. Du musst ein Buch lesen: Norbert Elias: Über den Prozeß der Zivilisation. Da steht drin, die Verbote können aufgehoben werden, wenn sowieso nichts mehr passiert. Ich behaupte, dass Sexualität nicht mehr passiert. Dann sagen die Leute: Wir kennen aber die Statistiken, Frau Goetze! Die jungen Mädchen fangen heute alle viel früher an. Aber bestimmt wird es bald neue Statistiken geben: Die hören heute alle auch viel früher auf. Wenn sie zwei-dreimal die Sexualität mies erlebt haben, wollen sie nicht mehr. Eine Mutter sagte zu ihrer Tochter: „Ich besorge dir die Anti-Baby-Pille, aber bitte nicht in meiner Wohnung!" Wo soll die hingehen? Es ist November. Ich hab' eine Ärztin gefragt, ob sie nicht auch fände, dass man Räume einrichten müsste, wo Heranwachsende hingehen können? Da sagte sie: „Das hat gerade noch gefehlt! Die Kinder sind zum Lernen da, zum Anziehen und Füttern, und das leider Gottes 20 Jahre – das kann ganz schön verbittern – und nun meinen Sie, auch noch sexuell hätten Kinder was zu wissen. Na hören Sie mal! Die kacken doch von alleine und gehen pissen…" Das geht noch weiter, aber ich kann es nicht auswendig, ich müsste nachgucken. Zum Schluß heißt es: Dann flössen die ganzen Gewinne weg und würden Profite wegspülen. Das hätte grad' noch gefehlt. Die Leute sollen arbeiten und konsumieren. Gefühle sollen sie nicht haben. Ich will eine neue Gesellschaft. Ich kann in dieser Gesellschaft meine Bedürfnisse nicht praktizieren.* (**Ende 2b>**)

ROSA: Wie kam es, dass du das zur Botschaft gemacht hast?

HELGA: Bis 1972 hab' ich gedacht, das ist mein privates Leiden. Da hab' ich auf dummerhaftige Weise Annoncen aufgegeben und Leute getroffen. Das war irgendwie schön, aber meine private Sache. Wenn man anfängt, sexuell offener zu sein, da kriegt man einen Blick für soziale Missstände. Da las ich in der Zeitung, dass Drogensüchtige von Ärzten, Pastoren, Sozialarbeitern usw. betreut werden. Da hab' ich gedacht, dass dieser „Release-Verein" sicher auch mal ein Gespräch mit einer Frau brauchen könnte. Da hab' ich so harmlos nachgefragt, ihr könnt euch gar nicht vorstellen, wie naiv ich an alles 'rangegangen bin. Ich telefonierte mit einem jungen Mann und fragte, ob die Drogensüchtigen nicht Probleme mit ihrer Sexualität hätten? Da ist am nächsten Tag ein junger Mann zu mir gekommen, der seit dem siebten Lebensjahr im katholischen Kinderheim gewesen ist, weil seine Eltern tot waren. Die Kinder mussten sich jeden Abend im Kreis aufstellen und mit geschlossenen Augen über lässliche und schwere Sünden meditieren. Wenn sie wichsten und es zum Samenerguß kommen ließen, war das eine Todsünde, die sie vor Gott verantworten mussten. Das fiel mir alles auf die Seele. Malte sagte: „Helga, das Kinderheim war immer wie ein Gefängnis. Da war ja niemand, keine Mutter mehr, kein Vater. Wir waren denen total ausgeliefert. Da dachte ich, das kann doch nicht angehen. So hilflos darf man Kinder doch nicht diesen furchtbaren Leuten überlassen. Dann bin ich immer mehr dahinter gekommen. Mein Mann meinte: „Du hast sowieso bloß lauter Schmarotzer im Haus." Da hab' ich noch gedacht: Seine Kinder sind keine Schmarotzer, aber die Fremden, um die sich keiner kümmert, das sind Schmarotzer. Dabei hab' ich durch die viel Zuwendung gekriegt. Die haben oft ein gutes Feeling, die in Kinderheimen mit fremden Leuten sehen mussten, wie sie zurechtkamen.

<(3a) Seit 1972 habe ich gemerkt, dass mein privates Leiden gesellschaftlich produziert ist. 1972 habe ich mir über Gewerbeschein ein Institut für Sexualinformation gekauft. Man konnte das in Hamburg für 12 Mark 50. Da wusste ich erst gar nicht, was ich damit machen sollte. Ich bin ins Jugendzentrum in die Fabrik gegangen und habe ein Jahr lang mit den jungen Leuten gesprochen, das heißt, die haben mir ihre Geschichten erzählt. Ich konnte gar nicht viele Informationen geben, die haben mir ihre Sachen erzählt. **(Ende 3a)>**

Dann bin ich ins Fernsehen gekommen, von zu Hause weggegangen, bei der Caritas rausgeflogen – dass ich noch lebe, ist das größte Wunder. Wolfgang hatte dafür gesorgt, dass ich mir eine Putzstelle suchte. Er sagte: „Dann gehst du eben putzen." Ich bin ein Jahr lang bei reichen Leuten in Blankenese als Putzfrau gewesen. Um die Zeit fingen meine Auftritte in Kabaretts an, in Hamburg in der „Wendeltreppe. Das war ein sehr renommiertes Kabarett. Da fing das so an: „Helga, wenn du noch einmal etwas gegen die Kirche sagst, und wenn du das Wort 'ficken' gebrauchst, fliegst du raus." Ich sagte: „Das ist wegen des Reims nötig: Ficken ist auf beglücken, rammeln ist auf begammeln. Wenn ich rammeln hab', dann muß ich begammeln. Der Dichter hat nicht so viele Möglichkeiten." Da begannen die Einschränkungen. Jeder wollte mich einschränken. Einer sagte: „Helga, du bist mir zu ehrlich, mit dir kann man kein Geld machen." Der andere: „Ich hab immer gedacht, du bist unmoralisch, aber du bist ja moralischer als wir alle zusammen." Dann hatte ich das Glück oder Pech gehabt, dass ich 1975 mit einer Zweierbeziehung zu Otto Mühl nach Österreich gekommen bin. Dort war eine Gruppe mit freier Sexualität und Gemeinschaftseigentum, die vor allem Müttern und Säuglingen Schutz gab, so dass eine Frau nicht angewiesen ist auf einen neurotischen Ehemann und dem nicht gewachsen ist, sondern die ganze Gruppe sich für die Kinder verantwortlich fühlt. Das hat mich derart fasziniert, dass ich meine Arbeitsstelle kündigte. Seit Ende 1975 bin ich geschieden, weil mein Mann anfing, mir Vorschriften zu machen. Er meinte, ich würde das Niveau herabziehen. Ich sagte: „Hör mal! Wo ich bin, ist mein Niveau. Wenn die Leute das nicht kapieren… ich kann nichts für die Ideen von den Leuten. Ich bin immer mein Niveau. Aber vielleicht ist es besser, du bist nicht mehr dafür verantwortlich, wir lassen uns lieber scheiden." *<(3b) Dann richtete ich in Hamburg eine Gruppe mit freier Sexualität und Gemeinschaftseigentum ein. Mit der Gruppe hab' ich entsetzliche Sachen miterlebt, aber auch sehr schöne. Michael war 18, der hat zuerst gekotzt beim Ficken und beim Küssen war ihm übel. Da hatte ich gerade in dieser Gruppe in Österreich mitgekriegt, wer noch kotzen kann, hat die Gefühle noch locker, der ist noch nicht so abgepanzert. Wer nicht mehr kotzen kann, ist derart abgepanzert, dass er seine Gefühle gar nicht mehr spürt. Da hab' ich jedes Mal einen Kotzeimer für den Michael geholt, und nach dem Ficken hat er zwei Finger in den Hals gesteckt und gekotzt. Nach drei Monaten machte ihm das Ficken Freude. Da hat dann ein Mann gesagt: „Na, wenn ich mit so'ner Ollen ficken müsste, würde mir auch schlecht werden." Michael hat dann angefangen, mit Franziska zu ficken, einem schönen jungen Mädchen, und hat am Anfang auch kotzen müssen. Eine Frau erzählte (ich erzähl solche Sachen gern als Beispiel): „Ich dachte immer, bloß Frauen wird's schlecht beim Ficken." Eine 40-jährige Frau sagte, wenn ein Mann in ihrer Gegenwart kotzen würde, dem würde sie aber glatt einen Tritt in den Arsch geben. So habe ich immer mehr hautnah mitgekriegt, dass wir keine Sexualität haben. Monika war 28 Jahre alt, sie war Hebamme. Sie hat erzählt, was sie für eine schöne Sexualität hätte. Dann kam 'raus, sie hat alle Männer angemacht und sich dann nicht ficken lassen, wegen ihrer Mama… da saßen die Verbote. Da hat Michael ihre Hand genommen und gesagt: „Komm Monika, jetzt fasst du mal deine Möse an." „Nein!" Der sagte: „Helga, die hat ihre Möse bisher nur aus hygienischen Gründen angefasst, sie hat noch nie ihre eigene Möse angefasst." Er hat dann vorsichtig ihre Hand genommen, und sie haben Doktorspiele gemacht. Monika hat langsam angefangen, Gefühle für sich zu kriegen.* (Ende 3b>) Sie hat vier Monate hier in der Wohnung nicht mit mir gesprochen, weil ich ihren Geburtstag nicht beachtet hatte. Ich wusste nicht, wann sie Geburtstag hatte. Da sagte ich: „Hör mal, Monika! Wenn dir der Tag so wichtig ist, mach ihn uns doch schön." Kürzlich fragte ich sie: „Monika, was hätte ich damals machen müssen?" Sie sagte: „Helga, du konntest nichts machen. Ich musste das Problem mit meiner Mutter an dir abarbeiten." Weihnachten hat mir Monika geschrieben: „Helga, ich lebe erst, seitdem ich dich kenne. Vorher habe ich immer nur auf das reagiert, was ich dachte, das die Leute von mir erwarteten. Heute kann ich meine eigenen Gefühle und Bedürfnisse anmelden, und ich kann auch respektieren, dass andere Leute Bedürfnisse haben." Ich weiß nicht, was Liebe ist? Ich glaube, das hat alles sehr viel mit Liebe zu tun. Aber Verliebtsein, das ist Schwulität, und das ist… wenn ich an der Reklamesäule diese schönen Zigarettenreklamen sehe, hör mal, da bin ich total geil auf die, das ist doch klar, die nehmen doch Figuren, auf die ich geil bin, oder? Sonst würd' ich ja nichts kaufen.

ROSA: Hast du einen Typ? Volker sagte mir, dass du an sich ganz gern junge Leute magst, junge Männer magst und auch ein bisschen Bisexuelle?

HELGA: Nein. Ich hatte zwei Männer, die an der Sexualität gearbeitet haben, und die in meinem Alter waren. Der eine war Giovanni, und das war total das Tollste, und der andere, das war der Pfarrer. Aber sag' mir einen Mann in meinem Alter, der an der Sexualität arbeitet. Ich kenne keinen. Der Pfarrer ist aus dem magischen Kreis ausgestiegen, er hat sein Pfarramt verlassen, wer lässt es denn schon darauf ankommen, nicht? Ich hab' keinen Typ. Wer sich verändern will und was entsteht…

Ich wollte immer wissen, warum ich leide. Ich hab' mir viel Material besorgt und erst, wenn ich irgendwie für mich Klarheit hab', wenn ich das ausdrücken kann, dann kann ich das anderen Leuten erklären. *<(4) Wir haben 6000 Jahre Patriarchat. Da hat irgendwer gesagt: Macht euch die Erde untertan! Wir müssen uns mal vorstellen, die Menschen sind wie Ameisen, winzig klein, und die Erde ist groß, ein Achtel ist Landmasse und sieben Achtel sind Wasser. Dann sind die Leute losgegangen. Ich sag' immer als Beispiel: Durch die Wüste Gobi geht man bloß, wenn man sexuell entsetzlich frustriert ist. Wenn du sexuell nicht frustriert bist, dann brauchst du ja nicht durch die Wüste Gobi zu marschieren. Unter diesem Menschbild, welches das Patriarchat aufgestellt hat, wurde jeder Mann zum Helden. Das bedeutet Sadismus und Einsamkeit. Jeder Mann ist im Gefühlsbereich Baby, Bulle oder tükkischer Hund. Jede Frau ist im Gefühlsbereich Dornröschen, Kuh oder tückische Kröte. Frauen durften 6000 Jahre lang keine eigenen Sachen machen. Alle Frauen sind totgemachte Löcher, wir müssen überhaupt nicht denken, dass irgendwas sich hier von allein entwickeln kann. Wir sind das Produkt von 6000 Jahren menschlicher Produktion. Die Männer haben aggressive Stoßstangen, und dahinter ist die Wüste. Jedem Jungen ist mit zwölf Jahren klargemacht worden, bald geht es los. Mit wem er losgehen soll, das ist ihm nicht gesagt worden. Jedes Mädchen hat mit zwölf Jahren gesagt bekommen: Na, paß auf! Die Männer sind alles Schweine, und du siehst doch deinen Vater, und das muß sich lohnen. Und das Mädchen kriegt also mit zwölf Jahren Informationen, dass es sich zurückhalten soll, und der Junge kriegt mit zwölf Jahren Informationen, dass es bald losgeht. Wir sind total aneinander vorbeiprogrammiert worden. (Ende 4)>* Nun haben wir die Erde erobert, jetzt haben wir sie derart erobert, dass wir sie ein paar mal in die Luft knallen können. Wenn wir jetzt nicht anfangen, an den Gefühlen zu arbeiten, gehen Menschen und Tiere zugrunde. *(5) Das Patriarchat hat Gefühle abgespalten. Denken und Fühlen sind zwei verschiedene Bereiche. Die meisten Leute fühlen überhaupt nichts, die denken Gefühle, die denken: „Ist der* schön? Auf den will ich geil sein." Die wissen gar nicht, was Gefühle sind, Gefühle sind ganz etwas anderes. Da legt man die Hand auf den anderen und da passiert was. Die Körper haben Weisheit. Diese Weisheit haben die meisten Leute verloren. Ich will jetzt an den Gefühlen arbeiten. Ich habe im Moment vier Möglichkeiten anzubieten: das, was ich am liebsten möchte, ist, eine Hetäre zu sein. Das bedeutet, dass ich hier einen Salon habe, und die Leute kommen zu mir, und ich spreche über das, was ich gemalt habe, was ich gelesen hab', und am Abend sag' ich: „Heute möchte ich gerne, dass du bei mir bleibst." Das muß eine hohe Ehre und eine ganz schöne Sache sein auch für den Mann. Das zweite ist, dass ich Tempelprostitution will. Die Sexualität muß wieder von den Frauen organisiert werden und nicht von den Männern, und zwar in heiligen Hallen, wo schöne Musik spielt, schöne Bilder sind. Man geht anonym hin, aber es geschieht eine heilige Handlung. Wir müssen lernen, dass jede Begegnung in der Gegenwart stattfindet. Die Beziehung ist nicht, weil meine Mama oder mein Papa lange blonde Haare oder einen Schwanz hat, der 30 cm lang ist, sondern in diesem Moment, wo wir zusammen sind, da passiert Begegnung. Und das könnte zum Beispiel als Tempelprostitution gemacht werden. Drittens biete ich an, es sollen sich zehn Männer und zehn Frauen zusammentun – das ist jetzt bloß als Beispiel, es können auch drei Männer und drei Frauen sein – und die sollen an der Sexualität arbeiten. Das Leben ist Arbeit. Die Leute haben vor dem Wort „Arbeit" Angst. Aber Wachsen ist auch Arbeit. Ich verspreche den Leuten zehn Jahre Frust. Weil nämlich verkehrt programmierte Körper, wenn die anfangen, echt sich zu bewegen, da kommt an Gefühl soviel Haß, Ekel und Aggression hoch.

Unsere Wut! Diese Scheißmama! Denn es ist so: 90 % unserer Gefühle werden im ersten Jahr gebahnt und die restlichen 10 % bis zu unserem vierten Lebensjahr. Mit vier Jahren sind wir also schon vorkonditioniert auf unsere Gefühlssensibilität und Gefühlstiefe. Ich bin z.B. ein Jahr genährt worden, und ich weiß, dass ich dadurch irgendwie 'ne dolle Grundlage habe. Aber wer von Klein an hilflos dagelegen hat, der hat doch nie mehr Vertrauen zu Wärme und Zuwendung und muß das wieder erlernen. Wir müssen einmal zurückgehen bis zu unserem Säugling, und von da müssen wir uns erst aufbauen, sonst passiert nichts. Das Vierte, was ich anbiete: Alle Schulen schließen, die Kinder schmusen und ficken lassen und an den Aggressionen arbeiten. Ich will dabei sein. Aber ich will zur Verfügung der Kinder da sein. Ich habe das mal auf dem Bild gemalt.

Hier ist ein Uterus, und früher hatten wir im Uterus den Helden. Jetzt wollen wir mal in den Uterus die geile Frau reintun, also so als Arbeitsmöglichkeit, ich hab noch ein Gitter drübergemalt. **(Ende 5)> <(6a)** Wer in solchem Haus groß geworden ist und solche Eltern gehabt hat, muß faschistisch sein. Faschismus ist Menschenverachtung. Eine hat zu mir gesagt: „Frau Goetze, *das kann doch nicht sein, wir haben vielleicht kleine faschistische Züge." Ich sag': „Hör mal! Bist du 33 % faschistisch oder 67% faschistisch? Solange du ein halbes Prozent faschistisch bist, musst du an deinen Gefühlen arbeiten."* **(Ende 6a)>** Otto Mühl in Österreich hat gesagt: „Jetzt schneidet eure Haare ab und zieht eure Kleider aus und dann wollen wir sehen, was von euch noch übrig ist, wenn ihr nackt seid, Männlein, Weiblein, Männlein, Weiblein." Nun ist es so, dass manche Leute sich bei dem System entwickeln können, andere nicht. Ich hab jetzt das Buch gelesen von Theweleit: Männerphantasien. Da ist mir aufgegangen, wer schon eine Ich-Konstruktion hat, wer schon einen Vater bekämpfen kann, das nennt man den Ödipus-Komplex. Wer also schon die Wut auf seinen Vater 'rauslassen kann und sich gegen seinen Vater behaupten kann, der kann sich in dieser Gruppe entwickeln. Wer aber im Mutterleib geschädigt worden ist oder in den ersten Wochen und Monaten, der hat einen ganz weichen Kern und hat sich einen Panzer darüber gebaut, der kann sich in solchen Gruppen nicht entwickeln. Der baut sich einen neuen Gruppenpanzer auf, von außen kann das ganz schön aussehen. Aber für die Sexualität ist keine Chance.

Ich hab' einen Satz gelesen: Ich hätte viel mehr begriffen, wenn man mir nicht so viel erklärt hätte. Heinrich Böll hat mal geschrieben: Die Erlösung kommt von der unnormalen Großmutter. Ich weiß inzwischen: Wir sind alle aus einer Möse 'rausgekommen. Jeder kleine Junge und jedes kleine Mädchen ist aus der Möse einer Mutter 'rausgekommen. Eigentlich müsste die Mutter so entwickelt sein, dass sie den Jungen und Mädchen was von sich erzählen kann. Dem Jungen von seinem Schwanz, dass er ein Mann ist, und was das für eine schöne Sache ist, und dem Mädchen was von ihrer Möse, und dass sie nachher wieder Mutter wird, und dass das auch eine tolle Sache ist. Aber das hat keine Mutter getan. Esther Vilar schreibt in ihrem Buch „Das polygame Geschlecht", glaube ich, dass jede Frau sich einen Mann sucht als Mutterersatz. Das bedeutet, sie kastriert dem Mann seine Sexualität und aktiviert seinen Brutpflegetrieb. Das habe ich mit meinem Mann auch gemacht. Dreißig Jahre lang war mein Mann Vater und Mutter zugleich für mich. Das ist auch eine Art Liebe, aber diese Liebe will ich nicht mehr. Ich will die Liebe, die wirklich mit Schwanz und Möse entsteht. Was da entsteht, das wissen wir noch nicht. Ich hab', Gott sei Dank, schon Sachen erlebt, dass ich weiß, wovon ich rede.

> Der Mike ist gekommen
> Die Gefühle schlagen aus
> Da gehe ich ins Bett rein
> Und fick mich tüchtig aus
> Denn Gefühle, die haben unglaublich viel Schwung
> Und wenn ich mit dir plaudere, wird mir unheimlich jung.

Ich hatte im vorigen Jahr eine sehr intensive sexuelle Beziehung mit einem Mann, der nach dem fünften Mal Panik gekriegt hat vor mir. So intensiv wollte er es nicht. Er sagte, am Anfang konnte er mit meiner schnellen Bewegung nicht mitkommen. Als er mitkam, da ist ihm schlecht geworden. Dann ist er nicht wiedergekommen. Als er hier auf dem Sofa lag, hatte ich das Gefühl, ich sollte seine Pornofilme nachspielen, da hat er sich gut gefühlt. Da hab' ich wieder mitgekriegt: Wenn es uns schlecht wird, fängt die Veränderung an. Die meisten Menschen haben gar keine Lust, so tief 'reinzugehen, wo es weh tut, wo die Schmerzen kommen.

ROSA: Glaubst du, dass jeder mit jedem ficken soll?

HELGA: Eigentlich kann es jeder mit jedem. Aber so, wie wir sind, im Moment nicht. Wenn wir das schaffen, dann sind wir wirklich mündige Menschen.

ROSA: Was machst du denn für eine Auswahl? Wenn du aus dem Haus gehst, gibt es da Leute, die sympathischer sind, oder die du attraktiver findest?

HELGA: Ich hab' gelesen, wie verlogen das ist. Diese Intellektuellen, die sich so eine schöne Fassade aufbauen, was habe ich bei denen für einen Kitsch und Quatsch mitgekriegt! Wolfgang oder Christoph z.B., du, die hatten nicht die Fassade. Ich hab' mit denen nachher viele schöne Sachen erlebt. Z.B. mit Wolfgang, der ist jetzt 38. 1974 hat er mich angeschrien, dass ich doch gewusst hätte, dass er schwul sei. 1977 haben wir wieder angefangen zu fikken. Mit dem habe ich ein paar Mal auch zu dritt gefickt, also noch ein schwuler Freund von ihm war dabei. Mir hat es sehr gut getan, weil die dafür gesorgt haben, dass ich eben gut drangekommen bin.

<(6b) ROSA: Mit wem hast du zuletzt gefickt?

HELGA: Ach, im Moment habe ich eine sehr schwierige Beziehung mit einem Mann, der ist Armenier, er hat'n türkischen Ausweis, ist 35, Dr. Sowieso an der TU. Der hat wirklich bloß alles im Kopf. Jetzt hab ich angefangen, mich zu verweigern, ich will das nicht mehr.

Der benutzt seine ganze Intelligenz, um seinen Ekel weiter kultivieren zu können. Er ekelt sich vor Küssen. Er ekelt sich vor Mösengeruch. Ich sag: „Hör mal! Eine Möse riecht nach einer Möse. Benzin riecht nach Benzin, eine junge Möse riecht nach einer jungen Möse, eine alte Möse, die ist wie Käse und Wein. Ahh, das ist schön, durchwachsenes Leben. Ich will keine Leute mehr an mich 'ranlassen, die sagen, steck deine Zunge weg, oder so. Ich mac'h das nicht mehr. Alles oder nichts. Du, dann will ich lieber nichts. (Ende 6b)>

ROSA: Wo hast du den kennengelernt?

HELGA: Den habe ich bei der AAO kennengelernt. Den kenne ich auch schon drei Jahre. Mit dem hab' ich schon mal in einer Gruppe mit freier Sexualität zusammengelebt. Der hat mich vorgestern nachts um zwölf angerufen. „Helga, ich weiß jetzt, wie meine Sexualität läuft. Ich suche mir immer ganz junge Mädchen, die wie Jungs aussehen, da spiel' ich meinen eigenen Vater, der mich fickt!"

ROSA: Waren, sagen wir, deine letzten Beziehungen oder Sexualbeziehungen, jünger, sehr viel jünger als du?

HELGA: Ja, jetzt ist es eigentlich so, dass nur jüngere Männer da sind.

ROSA: Wie kommt das? Du spielst also die Mutterrolle, die Sexualität weckt oder...

HELGA: Das weiß ich nicht. Diesen Nelu habe ich bei der AAO kennengelernt, wo die Leute sich verändern wollen. Ich habe von Anfang an gewusst, dass ich so eine Art Hebamme bin, so eine Art Mami, und ich will das nicht. Ich will dir was sagen: Junge Leute sind älter als ältere Leute, wusstest du das? Jeder junge Mensch, der 20 Jahre alt ist, hat erstmal total seinen Vater und seine Mutter drauf. Diese Dalina, die Tochter von der Friedel, die ist 6 Jahre alt, von der können wir alle was lernen. Im Grunde ist es so, dass die jungen Leute älter sind als die älteren Leute. *<(7a) Ich weiß nicht mehr, wo ich mich bewegen soll. Ich bin hier in Kreuzberg, ich geh ins Kreuzberg-Cafè. Auf der Straße umarmen mich plötzlich die wildesten Gesellen. Wenn ich mal in der Kneipe bin, sagen die: „Helga, stell' dich auf den Tisch und fang' an." Da war ich im alternativen Umweltdorf, habe sechs Wochen einen Workshop Sexualität gehabt, die Stachelschweine sagen zu mir, ich wäre zu intelligent für ihr Publikum. Wo soll ich noch hingehen? Erzähl' mir das mal! In Hamburg bin ich beim „Literatrubel" gewesen. Da hab' ich mich beworben. Da hieß es, ich wäre nicht seriös. Ich sagte: „Braucht ihr heutzutage seriöse Dichter? Das wusste ich gar nicht." Dann sagte Prof. Bialas: „Ach, Frau Goetze, wir tun es auch, aber wir reden nicht darüber." Ich sag: „Hör mal! Du hast genug Geld, um ins Reich der Sinne nach St. Pauli zu gehen. Wo gehen denn unsere 14-, 16-, 18-Jährigen hin? Hast du dir Gedanken darüber gemacht? Wer hat das auch schon... Die wollen auch anfangen zu leben." Da gucken mich alle an: Peinlich, diese Goetze! Ich hab' ins Goldene Buch der Stadt Hamburg reingeschrieben: Wer nimmt das Sexualleben der Heranwachsenden und der Frauen über dreißig wahr?*

*Dann habe ich bei Willi Brandt dazwischen geschrien. Er sagte: „Ich rede vom Frieden!" Ich schrie: „Und ich vom Ficken!" Dann bin ich bei unserem Wirtschaftsminister, Otto Graf Lambsdorff, gewesen, das war 1977. Ich hab' die alle mal heimgesucht... Kohl und alle, alle. Überall habe ich immer zwischengeschrien. Also bei Graf Lambsdorff, der hat über Energie gesprochen, und da dachte ich, Helga Goetze, sei sanft. Wirklich, sei sanft **(Ende 7a)>**,* sonst bringt das gar nichts, wenn du immer so hart bist. Man konnte ans Mikrofon gehen und Fragen stellen. Ich sagte: „Ich muß eine ganz wichtige Frage stellen. Ich versteh' da was nicht. Ich war 1939 17 Jahre alt, und da fing der Krieg an. Das bedeutet, ich habe 6 Jahre miterlebt, wie großartig das Patriarchat fähig ist, Kriege zu führen. 6 Jahre lang sind täglich Bomben ge-

gefallen, sind Flugzeuge geflogen. Wenn nachts die Bomben flogen, kriegten wir trotzdem am Tag unser Essen. Also, das Patriarchat ist total fähig, Kriege zu organisieren, und das hat auch mit der Energie geklappt, nicht? Wir haben kaputtgeschlagen bis zum Ural, weiß der Geier alles, und es waren immer Bomben da. Ich hab' nie gehört, dass sie einen Materialmangel hatten. Die hatten bis zum Schluß ihr Material, nicht? So, nun haben wir den Krieg verloren und unser lieber Gott war gemein. Der Gott der Engländer und Franzosen war lieber, der hat die siegen lassen, und wir haben verloren. Das war Pech, kommt ja vor. Nun haben wir 30 Jahre Wiederaufbau, wir haben Energie aufgewendet, die Straßen zu bauen, unsere Kongreßhallen. Was wir alles haben, ist total tip-top. Können wir jetzt mal mit den Menschen anfangen? Wir reden nur von Quantitäten, können wir nicht von Qualitäten anfangen? Wer kümmert sich jetzt mal um die psychische Ausstattung der Menschen?"

Da hat einer gesagt, das wäre ein Statement, darüber könnten wir doch nicht diskutieren. „Wieso?" fragte ich. „Warum sollen wir da nicht anfangen, über die Qualität des Menschen zu diskutieren? Noch mehr Krankenhäuser, noch mehr Ärzte, noch mehr Saufen, noch mehr Zigaretten? Das ist doch wohl keine Lösung. Ich will den nächsten Schritt zum mündigen, sich selbst bestimmenden Menschen." Ich weiß, ich will alles verändern. Ich weiß, dass ich das nicht schaffe, aber ich muß es trotzdem wollen. Ich hab' zu Volker Pilgrim gesagt, ich brauche nichts zu schreiben, Simone de Beauvoir hat schon alles geschrieben. Da hat er zu mir gesagt: „Wissenschaft bringt nichts in Bewegung. Du bringst die Dinge in Bewegung." Einer hat gesagt: „Solche Leute wie du, die werden immer erst nach dem Tod berühmt." Ich sagte: „Ich werd mich beeilen, dann habt ihr schneller den Nutzen."

Aber ein anderer hat gesagt: „Du hast ein duftes Thema, Helga Goetze, du kannst es noch zu deinen Lebzeiten schaffen." Im Moment sind ganz viele Sachen in der TAZ über mich. Die TAZ hat ein Gedicht von mir veröffentlicht. Es heißt: DAS WEIB EINE KOLONIE, und es ist folgendermaßen entstanden: Eine Frau blättert in einem Gesundheitsbuch von 1972, und unter dem Stichwort „Frau" stehen da viele Stichworte: Hygiene und 1000 Sachen. Ach, denkt sie, was steht unter dem Stichwort „Mann"? Sie blättert, und da stand gar nichts. Weißt du, was sie da für ein Beispiel gebracht hat? Wenn man einen Kunstführer über Italien hat, dann steht über diese Kunstschätze eine Menge drin, aber über Italien selbst nichts. Wenn Italien eine Kolonie hätte, dann würde über die Kolonie da was stehen. So, und da habe ich mich hingesetzt und schrieb:

DAS WEIB EINE KOLONIE
Entdeckt, verwickelt, entwickelt, eingewickelt
Zersetzt, zerteilt, zerschunden, zerschlagen
Benutzt, beschädigt, beschämt
Weib, ein Mittel für Gesundbeterei der Schamanen

Territorium, bestimmt, besetzt, besudelt
Land, eingeteilt, kategorisiert
Duftmarken, doof kolonisiert gut
Landemarken, Arsch, Busen, Schminke
Gesundheitssport, Leistungsgerät, Maschine
Brachland, Sumpf, Moor, schwankendes Torf
Angst im Nebel, der Landvermesser wird trockenlegen
Überschaubar machen, übersichtlich, für den Export hergerichtet
Es muß sich lohnen, das Territorium hält sich spröde
Es lernt seine Preise, verkaufe dich nicht billig
Ware, was nichts kostet, ist nichts wert
Der Herr setzt seinen Fuß auf sein Land und hisst seine Fahne
La Bandiera, die Potenz, und wehe,
Sein Gelände wird von fremden Händen berührt
Partner? Wie kann ein Sklave Partner von Herren sein?
Dämlich gemacht, damenhaft, ästhetisch die Kultur der Eroberer
Setzen wir unseren gewaltlosen Widerstand fort
Passiv, aktiv, die Strategie der Verlorenen
Verweigern wir ihre Kirchen, ihre Schulen, ihre Universitäten
Ich habe meinen Lehrstuhl für freies Lieben, freies Sprechen eröffnet
Und halte meine Vorlesungen auf den Straßen der Eroberer
Da schicken sie ihre Polizei
Und verfangen sich in ihrer eigenen Pornographie
Lachen tötet, lachen wir über die Anmaßung von Verderbern,
Die ihre eigene Substanz versaut haben
An ihrer eigenen Kotze sollen sie ersticken
Oder kommen auf Knien und das Land freisetzen
Freiheit ist mehr Arbeit
Aber eine Kolonie, die lacht, ha
Die hat Energie und Vibration
Tanzen wir, schreien wir, weinen wir, ficken wir
Vom Sklaven kann Herr viel profitieren, wenn es darum geht

ROSA: Du hast sehr viele Aktionen auf der Straße gemacht. Kannst du mal beschreiben, wie… Was war deine erste Aktion?

HELGA: Ich bin 1975 in Kabaretts aufgetreten, und da habe ich gedacht: Helga, alle Leute können mit ihren Produkten Geld machen, warum kannst du das nicht? Ich bin im Jahr 1976 ins LIT eingetreten. Das ist in Hamburg ein Kreis von Kunstschaffenden, die von der Stadt unterstützt werden. Dorthin bin ich jeden Dienstag treu und brav gegangen und wollte mich auch mal pro-duzieren. Ich habe mit meinen Gedichten angefangen, und dann hat plötzlich eine Frau nach dem dritten Mal gesagt: Helga Goetze, deinetwegen sind schon Leute weggeblieben. Du machst die Männer so an, und wenn du von allein nicht gehst, dann muß ich dir das nahe legen, dass du nicht mehr kommst. 1976 hatten die Literatur auf dem Markt, da hab' ich mich gemeldet und wollte gern einen Termin haben. Da hieß es: Ihre Gedichte sind ganz niedlich, aber was sie dazwischen sagt... 1977 habe ich mich wieder beworben, doch da hieß es: Ich sei nicht seriös. „Braucht ihr jetzt seriöse Dichter?" habe ich die gefragt. **<(7b)** Wolf Biermann sagte: „Jetzt fängt sie ja wieder vom Ficken an." Ich sagte: „Vom Nichtficken! Hast du das nicht kapiert? Ich rede vom Nichtficken!" Einer hat mich aufgefordert: „Komm 'her, stell' dich doch auf die Straße und mach einen Gegenliteratrubel. Stell' dich hier auf die Bank und fang an." Da hab' ich mich dann in der Spitalerstraße auf die Bank gestellt und meine Sachen aufgesagt, z.B. „ALS MEINE MUTTER EIN BABY BEKAM"... Die Leute meinten: „Frau Goetze, da muß doch auch Ästhetik dabei sein." Ich sag: „Echt wahr! Mein linkes Bein ist echt noch ästhetisch, guck mal, 58 Jahre. Aber mein rechtes Bein... Wenn ich ein Mann wäre und würde mit solchen Beinen im Bett aufwachen, ich würde glatt in Ohnmacht fallen. Da sind Krampfadern. Dann sagte einer: „Dann ist dein linkes Bein dein Balzbein."

Um Ästhetik zu genügen, zeige ich mein Balzebein
Ei, das Linke ist das Hübsche
Ficker balz ins Linke rein
Denn das Rechte hat so Adern, Narben und ein Überbein
Nein, das Rechte ist nicht hübsche
Ich verberg' das rechte Bein
Hat der Dumme angebissen
Wie ein Tier beim Balzen
Bum, in das Linke, in das Hübsche
Ei, Du Ficker, beiß' ins Linke
Beiß ins hübsche Balzebein
Denn du Blöder, erstmal bumsen
Dann zahl' ich dir alles heim.

Dann sag' ich: Wir scheißen uns alle an. Mal sind es die Locken, manche Frauen stehn auf'n Porsche, was denkst du, wie die einen Mann lieben, der einen Porsche hat? Hör mal! Liebe! Wir wissen überhaupt nicht, was das ist. Liebe, was ist das? In diesem Land ein fremdes Wort, man muß es kennen, übersetzen ist so schwer, dies Übersetzen in ein neues Land, wo Geborgenheit und Gestaltung winken. Wir wissen noch nicht, was Liebe ist. Wir haben bloß Bedingungen gelernt und ästhetischen Schnulzenkram. Ich hab' mal einen kennengelernt, der hatte eine Schüttellähmung. Der hat neun Jahre im Knast gesessen. Den haben sie da für Schwulität vergewaltigt und haben zu lange sein Kopfkissen auf den Kopf gedrückt... Als ich zum ersten Mal in die Knacki-Kneipe kam, da sagte er: „Helga, wann ficken wir?" „Gott", habe ich gedacht, „jetzt kommt die Stunde der Wahrheit." Beim zweiten mal hat er wieder gesagt „Helga!" Beim dritten Mal habe ich zu ihm gesagt: „Paß mal auf, Josef. Ich mach' das mit der Hand und dem Mund." Da sagte er: „Wir müssen *auf die Toilette gehen." „Nee", sag' ich, „wir können das hier machen. Wer kommt, der kann doch sehen, dass du Bedürfnisse hast." So hab' ich es ihm mit der Hand und dem Mund gemacht, und der... ahh! ahh! haa! Der konnte nämlich noch nicht mal wichsen.*

Nachher habe ich mit einer Frau darüber gesprochen, die fragte mich: „Was hast du denn davon gehabt?" Ich sag': „Wenn ich Kraft und Zuwendung kriege, dann kann ich auch was abgeben. Dann soll Josef auch zu mir gehören. Der ist nämlich nicht so verlogen. Die anderen sind noch alle so verlogen, aber der hat nichts mehr mit Lügen. Neun Jahre Knast! Da gibt's nichts mehr zu lügen. (Ende 7b)>

Auf der Spitalerstraße in Hamburg, da hab ich unglaublich gut gelernt, auf Leute zu reagieren. Z.B. hab' ich meine Brüste mal gezeigt. Da wurde ein alter Mann ganz blaß und sagte: „Das ist ja Pornografie!" Aber auf einmal dreht er sich um und sagt: „Die Frau ist in Ordnung!" Da hatte ich wirklich vor allen Leuten so einen Lernprozeß gezeigt.

Manche gingen vorbei und riefen mir ihr Wunschgedicht zu, das ich aufsagen sollte. Die hatten schon ihre Lieblingsgedichte. Einer hat mir mal gesagt: „Paß mal auf, Helga Goetze. Mit dir ist das wie mit der Milch. Du musst dir mal vorstellen, da ist ein großer Bottich, in den kommen langsam Bakterien rein, die Sonne und so. dann fängt die Milch so langsam an, sich zu zersetzen. Aber erst, wenn die Milch überall sauer ist, gerinnt sie, und darauf musst du warten!" Solche Sachen haben mir einfache Leute erzählt. Ich hab' da unglaublich viel gelernt.

MORGEN KOMMT DER WEIHACHTSMANN
Kommt mit Sack und Gaben
Und die Kinder wundern sich
Weil sie alles haben
Autos, Puppen, Schießgewehr
Häuser, Fressen und noch mehr
Morgen kommt der Weihnachtsmann
Und bringt seinen Plunder an
Hier drei Mark und dort dreihundert
Pelzgemäntel, alles Wunder
Zählt die Schecks und zählt die Gaben
Die die Weihnachtsmänner haben
Kommt ein kleines Mädchen an
Das den Dreck nicht brauchen kann
Bettelt leiser, hab' mich lieb
Bitte mir ein Küsschen gib
Da fängt unser Weihnachtsmann
Fürchterlich zu brummen an
Küsse sind nicht zu bezahlen
Liebe gibt man niemals aus

Denn die Menschen raffen, rechnen, fühlen
Dabei kommt nichts raus
Drum merkt alle hier im Land
Weihnacht wir gefüllt mit Tand
Roboter und Stampfmaschinen
Hampelmänner, Hampeltrinen
Morgen kommt der Weihnachtsmann
Der für sie das Fest ersann.

Dann kam die Polizei. Fünfzigmal hab' ich 1977 da auf der Straße gespielt. Beim siebten Mal ist die Polizei gekommen. Die Polizisten waren echt freundlich. Man sah die schon von Weitem, die kamen immer sehr langsam und waren unentschlossen.

Aber da war ein großer Kreis Leute drumherum. Einer aus dem Publikum brauchte das bloß anzuzeigen, dann ist das für die Polizei ein Akt. Da sagte der eine Polizist: „Frau Götze, merken Sie gar nicht, dass Sie stören?" Ich sag' ihm: „Hör mal! Das ist das einzige, was ich will."

1978 und 79 bin ich auf eigene Kosten nach Hamburg gefahren zum Literatrubel und habe meine Bilder an diesem Platz, wo die ganzen Aktivitäten waren, Dichterlesungen, Buchverkauf usw. gezeigt. Plötzlich stehen hinter mir zwei Polizisten in Zivil und sagen: „Packen Sie bitte Ihre Bilder zusammen, sonst müssen wir Sie mit Gewalt hier wegführen." Ich sag': „ Hört mal! Ich will da zuhören." Das Verrückte war, dass gerade das Thema „Wo steht die neue Frauenbewegung heute?" dran war. In dem Moment hat mich die Polizei im Polizeigriff weggebracht.

Da sagte nachher eine Frau: „Helga, das hast du doch arrangiert?" Ich sagte: „Spinnt ihr?" Ich hab' zweimal laut „Hilfe" geschrien. Aber da hilft dir keiner, das musst du wissen. Dann hab' ich gesagt: „Na, macht eure Literatur schön weiter." Und zu den Polizisten: „Ich schrei' nicht länger. Ihr könnt mich wieder loslassen." Ich weiß inzwischen, wann man schreien muß und wann man nicht mehr schreien darf. Dann hat mir im Polizeiauto ein Polizist freundlich auf die Schulter gekloppt und gesagt: „Na, Frau Goetze." Ich sag: „Na, hören Sie mal! Haben wir uns schon mal kennen gelernt? Ich kann mich nicht erinnern." Dann haben sie mich in eine Zelle gesperrt und anschließend wurde ich in die Wachstube geholt.

Da hieß es: Frau Goetze, Paragraph soundso, wenn wir Sie noch einmal auf der Straße agitieren sehen, sperren wie Sie wieder ein. Ich sag: „Hör mal! Bin ich ein Computer, den man abstellen kann?" Und dann, bums, saß ich wieder in der Zelle. Nach einer Weile kommt ein netter, älterer Beamter und sagt: „Was ist denn hier eigentlich los?" Dann haben sie mich wieder gehen lassen, und abends konnte ich meine Bilder abholen. Danach stand in der ZEIT: Es gibt so viel Gewaltpornografie, wieso die garantiert menschenfreundliche Pornografie der Helga Goetze mit Gewalt von der Straße geholt wird, ist mir ein Rätsel in unserem, ach, so freien Land.

In Berlin bin ich vom Kudamm weggeholt worden, dort sind sechs Bilder von mir beschlagnahmt worden. Das Verfahren wurde hinterher niedergeschlagen. Das hieß dann, es ist wohl doch keine Pornografie. Kunst ist es aber auch nicht. Ich erinnere ans Leben, und dafür gibt's noch keine Paragrafen. Werden sie sicher bald finden.

ROSA: Bist du noch einmal in der Zelle gewesen, für eine Nacht oder einen Tag? Bist du nie verurteilt worden durch ein Verfahren?

HELGA: Nee, ich weiß zu viel Bescheid. Aber du, wer nimmt das alles auf sich? Erzähl' mir, wer nimmt das alles auf sich?

ROSA: Du gehst hier auch in die U-Bahn?

HELGA: Hier ist das so. Ich bin aus der Pubertät meiner Gefühlsentwicklung 'raus. Ich hab jetzt ganz viel ausprobiert. Ich hab' eine Zeitlang wirklich nicht gefragt: „Was bist du?" Ich hab' mit den unmöglichsten Leuten gefickt. Ich hab' mit Malte gefickt, der drogenabhängig ist, 24 Jahre alt. Der hat eine Stunde gekämpft. Nach einer Stunde ist er plötzlich aufgesprungen, nach oben gerannt, hat sich aus dem Quelle-Katalog ein Unterwäsche-Mädchen gesucht, hat sich das Bild runtergeholt, hat den Schwanz wieder ‚reingesteckt, und dann konnte er abspritzen. Es war sehr oft ganz schön schlimm. Mich hat noch nie einer in die Pfanne gehauen. Ich hab' von niemand gehört, dass sie sagten: Die Goetze, die schmeißt sich jedem an den Hals. Oder: Was die macht! Volker macht es noch ein bisschen wissenschaftlich und redet noch so ein bißchen drumherum, was er meint, das ich wäre, aber er hat trotzdem auch gute Gefühle für mich, eigentlich jeder. Ich hab mal mit einem ganz jungen Menschen gefickt, und die Eltern wollten mich anzeigen. Seine Eltern hatten ein Gedicht entdeckt, in dem ich nämlich geschrieben hatte: Das erste Mal ficken, das müsste wie Weihnachten sein! Dann hab' ich nachher geschrieben: Das war wie Totensonntag und Erster Advent, das ist noch längst nicht Weihnachten. Das erste mal ficken ist, wenn so ein Toter anfängt, sich langsam zu bewegen. Das Gedicht haben die Eltern gefunden und wollten mich anzeigen. Da sagte ich: Erstens hab ich kein Geld genommen. Geld nehmen ist ja immer pervers, nicht? Zweitens, sagte ich, es ist doch gut, wenn die Gesellschaft sich fragt, wo gehen die Heranwachsenden hin? Dann haben die aber keinen Prozeß geführt. Im letzten Moment war das immer so…

ROSA: Was hältst du von Prostitution? Wie beurteilst du das?

HELGA: Ich bewundere die, aber ich könnte das nicht. All die psychischen Krankheiten von diesen Leuten an mich 'ranlassen. Wer das versteht, aber im Grunde ist das alles Krankheit. Kürzlich habe ich eine Prostituierte besucht. Die schien mir unglaublich stark zu sein, doch dann kam raus, dass sie ein narzißtischer Typ war, mit einem totalen Haß und Ekel vor Männern. Es ist eben dann das Geld oder so, damit kann sie sich jedes Mal wieder organisieren.

ROSA: Wie lebst du jetzt finanziell?

HELGA: Ich habe das Glück, dass ich, seitdem ich geschieden bin, Geld von meinem Mann bekomme. Ich habe mir vorgenommen, deswegen kein schlechtes Gewissen zu haben. Ich habe 28 Jahre eine gute Ehe geführt, nachher hat sich das langsam aufgelöst. Es ist so, dass zu Hause keinem was wehtut. Mein Rechtsanwalt hat gesagt, ich hätte um die Häuser kämpfen sollen. Wir hatten Besitz. Aber ich hab' gesagt: Mein Mann hat mich meine Spiele spielen lassen, und die Häuser sind bloß auf dem Papier viel wert, da wohnt eine Familie drin, und das ist ein großer Garten. Wir haben keinen Streit ums Geld gemacht. Er hat mir zuerst 500 Mark gegeben, und jetzt krieg' ich 750 Mark. Ich muß davon 68 Mark Krankenkasse bezahlen. Ich habe in diesem Jahr vier oder fünf Auftritte gehabt, mit ca. 200 Mark, habe noch ein paar Bücher zu verkaufen und neuerdings eine Tonkassette und das ist eigentlich so das, was ich für Material und Telefon brauche. Ich komme mit dem Geld zurecht.

ROSA: Wie glaubst du, dass es weitergeht?

HELGA: Ich weiß im Moment überhaupt nichts. Ich bin an einem Punkt, wo ich total resigniert bin. Ich weiß, dass meine Art, sexuell und kreativ zu sein, gut ist. Heute kann ich mal der böse Wolf sein, und morgen will ich Dornröschen sein. Ich will manchmal eine Mami sein, aber ich brauch' manchmal den Papi. Ich kann total infantil sein, und ich weiß, dass es den Leuten eigentlich unglaublich gut tut. Ich will zwischen den Leuten sein, die kreativ an der Sexualität arbeiten wollen. Bloß, wie ich es machen soll, weiß ich nicht. Meine Freundin Friedel ist 36. Die hat praktisch auch keine Sexualität, so eine gutaussehende Frau. Die fährt hin und wieder mal nach Köln, da ist ein Farbiger, mit dem sie manchmal fickt. Die weiß es auch nicht zu organisieren. Ihr Mann war schwul, der ist mal wegen Exhibitionismus angezeigt worden. Sie hat gar nicht kapiert, was das ist. Was ist Exhibitionismus? Was ist schwul? Warum fasst er sie nicht an? Warum? Der ist ein ganz Lieber, der Charlie ist lieb. Seine Mutter hat ihm immer die Bettdecke weggezogen, um nachzusehen, ob er auch nicht wichst, na hör mal!

ROSA: Was glaubst du, wie sieht das aus, wenn du älter wirst? Wirst du immer versuchen, weiter Sexualität zu haben?

HELGA: Ich mach mir nie über ungelegte Eier Gedanken. Kommt Zeit, kommt Rat. Ich bin im Moment noch so schön körperlich, ich tanze unglaublich gern. Ich kann reden und mich bewegen. Warum soll ich nicht sagen, dass *<(14a) ich ficken will und sonst nichts? Versteh' mal, alles andere habe ich ausprobiert. Ich hab' schon alternatives Gemüse gezogen, als es noch gar nicht so hieß. Wir hatten 20 Jahre eigenes Gemüse. Ich hab' sieben Kinder für die Gesellschaft kaputtgemacht und weiß unglaublich gut, wovon geredet wird. Eine studiert noch und eine ist Bankangestellte, eine lebt in*

Südfrankreich, macht das Alternativleben. Ich hab' überall Praxis, verstehst du?

ROSA: *Wie reagieren deine Kinder jetzt auf dich?*

HELGA: *Mechthild hat mich am meisten verstanden. Die ist jetzt 24 und hat mal in einer öffentlichen Veranstaltung gesagt: „Sie hat auch das Recht auf ihr eigenes Leben!" Als ich mal so jammerig gesagt hab': „Ich hab' euch im Stich gelassen", da hat sie geantwortet: „Bring deine Sachen in Ordnung, dann hilfst du uns am meisten." Das ist ein ganz toller Satz.* **(Ende 14a)>** Bring deine Sachen in Ordnung.

ROSA: Und die anderen?

HELGA: Du, mehr oder weniger. Die Älteste z.B. hat acht Jahre mit einem Mann gelebt, dessentwegen hat sie sich sterilisieren lassen. Der wollte sie total als Mama und Kind und weiß der Geier was. Nach acht Jahren haben sie zwei Jahre in Südfrankreich gelebt. Sie wollten ein alternatives Leben. Dort hat sie einen Franzosen kennengelernt und hat einen schönen Sommer mit Serge erlebt. Doch Serge soff und wurde immer aggressiver. Er klaute auch und stellte die geklauten Sachen auf ihrem Grundstück ab. Sie sollte ausgewiesen werden. Da hat sie ihn rausgeschmissen. Ihr Mann ging auch, und sie war allein da in Südfrankreich. Sie überlegte, was als Nächstes zu tun sei, und sie wollte ein Kind. Sie hat sich aus Haiti ein einjähriges Kind geholt, das ist jetzt drei Jahre alt, und seit der Zeit sind wir wieder in Kommunikation. Sie liest auch meine Durchschläge. Ich hab' jetzt gerade einen Brief von einer französischen Lehrerin bekommen, die hat eine Frenet-Alternativschule in Frankreich, und die haben bei meiner Tochter eine Woche lang getöpfert, also eine Schulklasse. Ich will im Frühjahr meine Tochter besuchen. Meine Tochter hat auch den magischen Kreis überschritten, seit der Zeit konnte sie auch wieder mit mir Kontakt aufnehmen. Ein Sohn idealisiert mich sehr. Ich weiß nicht, wie ich ihn dazu bringen kann, dass er weiß, dass ich ihn als Säugling hab' schreien lassen, und dass er erst den Haß 'rausbringen muß, sonst ist alles verlogen. Ein Sohn will nichts mehr mit mir zu tun haben. Eine Tochter ist Lehrerin für Atmung und Stimme, mit der hab' ich auch keinen Kontakt.

ROSA: Wie haben sie das geäußert, weshalb haben sie den Kontakt abgebrochen?

HELGA: Bei der Ältesten hab' ich das richtig mitgekriegt. Ich hab' mir doch dieses Institut für Sexualinformation über Gewerbeschein geholt. Ich hatte ein Schild an der Haustür. Als sie das erste Mal zu Besuch kam, da ist die nicht ins Haus 'reingekommen. Sie blieb vor dem Schild stehen und kam nicht rein. **(14b)** *Der Ulrich hat mir 1972 einen Brief geschrieben. Seitdem er mitbekommen hätte, dass ich auf Annoncen schreibe und selber welche in die Zeitung setze, könnte er mich nicht mehr als Mutter bezeichnen.*

ROSA: *Hast du keinen Kontakt mehr zu ihm?*

HELGA: *Kinder sind Gäste im Elternhaus, und Kinder sind mehr oder weniger unsere Freunde. Man hält, was man lässt! Kinder brauchen auch ihre eigene Zeit. (Ende 14b)>* Bei der Ältesten hab' ich das mitgekriegt, dass die jetzt erst für meine Sachen offen ist, weißt du? Die vier Ältesten haben meine Lernprozesse nicht mitbekommen, aber die drei Jüngeren haben die mitbekommen, und zu denen hab' ich einen besseren Kontakt. Die haben gesehen, wie das ging, dass Mutter manchmal Besuch hatte und Vati jetzt zur Eva hinfährt. Die haben gesehen, dass das auch eine Möglichkeit ist.

ROSA: Du bist in dieser Kommune von Otto Mühl gewesen. Wie lange warst du da?

HELGA: Ich war 1975 elf Tage da. Da hab' ich am neunten Tag die Haare zur Glatze schneiden lassen. Das war für mich ein unglaubliches Erlebnis, weil... du kannst ja jetzt meine Haare sehen. Ich habe nie den Standard erfüllt. Ich bin jahrelang zum Friseur gelaufen. Ich wollte auch wie andere Frauen aussehen. Jahrelang trug ich Dauerwellen und eine Perücke. Für mich war das so unglaublich wichtig, dass mal die Haare einfach weg waren. Das hat die AAO auch mitbekommen, diese Gruppe von Otto Mühl. Die haben 1973 auf dem Acker gearbeitet, die Männer hatten ursprünglich lange Haare, das war so eine Hippie-Kommune, mit langen Haaren und langen Bärten. Doch bei der Arbeit auf dem Acker haben die Haare gestört, und so haben die Männer Haare und Bärte abrasiert. Da wollten die Frauen das auch. Sie entdeckten, dass die Leute plötzlich ganz schöne klare Gesichter hatten. Wieviel Neurose in den Haaren sitzt! Viele Männer kriegen früh eine Glatze. Wenn ein Mädchen schöne blonde Locken hat, dann heißt das nicht, das ist ein schönes Mädchen, sondern: Guck mal, die Blonde da! Dann geht es bloß um die Haare.

ROSA: Wurdest du akzeptiert in der Kommune?

HELGA: Ich hatte zuerst nicht so richtig kapiert, was da läuft. Als ich hinkam, da hieß es: Helga Goetze zieh' dich aus. Ich hatte einen Büstenhalter, einen Gummistrumpf, einen Hüfthalter, und fing da vor der ganzen Gruppe an, meine Sachen 'runterzufumnmeln. Das hat für mich alles irgendwie sehr viel bedeutet. Das muß einmal gemacht werden. Dann zu sagen: Hier, hallo! Ich bin 52 Jahre alt. Damals war ich 52, das ist sechs Jahre her.

ROSA: Warst du die Älteste dort?

HELGA: Ja. Dann war es so, dass die damals so eine Schreitherapie hatten. Ich dachte: Du kannst gar nicht schreien. Dann bin ich aufs Feld gegangen und hab' angefangen zu schreien, weil ich so eine gute Schülerin bin, und hab' gedacht: Du musst deine Aufgaben richtig machen. Beim Schreien habe ich angefangen zu heulen. Naja. Da habe ich gemerkt, dass ich ganz schön schreien kann, dass ich sehr viel Haß und Ekel und Aggression drauf habe. Ich bin nach elf Tagen weggefahren. Der Mann, mit dem ich dahin gefahren war, hat mich am zweiten Tag wie eine heiße Kartoffel fallen lassen, weil ich vor der Gruppe keinen guten Eindruck machte. Er hatte mich als die große Helga aus Hamburg angekündigt und erwartet, dass ich einen guten Eindruck mache. Aber wenn du in eine Gruppe kommst, wo du die Spielregeln gar nicht kennst... Ich habe keinen guten Eindruck gemacht, verstehst du? Das war ihm derart peinlich, dass er sich lieber zum Papa hingeschlagen hat – die Männer sind raffiniert – von Mamma kriegt man ja sowieso nachher nicht soviel sozial mit wie von Papa. Er ist ein Dreivierteljahr in der Gruppe geblieben. Im vorigen Jahr hat er sich das Leben genommen. Als ich weggefahren war von der Gruppe, wollte ich auch so eine Gruppe haben. Ich will Leute haben, die an der Sexualität arbeiten wollen. Da hab ich alle Leute gefragt. Wir waren zuerst vier Leute. Michael war 19, Bernd war 21, Monika war 28, und ich. Wir hatten eine große 6-Zimmer-Wohnung, 1200 Mark Miete. Ein Vater hat gebürgt für die Wohnung, und so haben wir angefangen. Nach zwei Monaten ist der Bernd weggegangen. Der war derart aggressiv, der hat Flaschen an die Wand geschmissen, der hat Monika geschlagen, der hat Guitarren und einen Tisch kaputtgeschlagen. Wir wussten überhaupt nicht, was los war. Nachher ist er zu einer Mitschülerin gegangen, und das war eine strenge Mammi und da kam raus, dass der das gar nicht vertragen hat, Gefühle freizulassen. Der wollte eine strenge Mammi. Nach zwei Monaten war unsere Gruppe eigentlich schon ein Fiasko.

ROSA: Habt ihr Gruppensex gemacht?

HELGA: Wir haben immer nur getan, was sich ergeben hat, aus der Situation heraus. Aber nee!

ROSA: Und bei Mühl? Hattest du da Gruppensex?

HELGA: Nee. Die machen auch geregelten Sex. Da hat jede Frau ein Doppelbett, und jede Frau soll auf den Mann zugehen, mit dem sie was machen möchte. Da waren die Männer meist impotent und aggressiv, weil der Mann ja gewohnt ist, dass die Aufforderung von ihm ausgeht. Dann merken sie, dass das eigentlich alles Krankheit ist. Krankheit sind Kränkungen, wir sind alle bis in die tiefste Seele hinein gekränkt. Die Mütter sind der schlimmste Krankheitsherd der Gesellschaft. Wir Frauen sind 6000 Jahre gedemütigt worden. Wir Frauen hatten keinen eigenen Namen und kein eigenes Geld und nur so viele Gefühle, wie Papi uns zugeteilt hat. Da sagte einer zu mir: „Doof fickt gut." Ich sagte: „Klar! Gleich und gleich gesellt sich gern." Ich krieg' ja nun alles ab. Ich krieg' es auch von den jungen Frauen ab. Kürzlich war ich in so einer Pinte und hab da spontan meine Gedichte gesagt, da meint so ein junges, niedliches Mädchen: „Wie die aussieht!" Hinterher ist sie aber zu mir gekommen und wollte was von sich erzählen. Aber im ersten Moment weiß jede Frau, wie man auszusehen hat. Wenn man auf dem Markt der Eitelkeit noch mitspielen will. Frauen passen besonders stark auf.

ROSA: Wie siehst du die Schwierigkeit z.B. von Leuten in Bezug auf dein Alter und deine Person? Ich meine, Leute haben gelernt, auf Reklamepuppen oder so geil zu werden..

HELGA: Ja, aber siehst du, da passiert oft ganz etwas Süßes. Der Christoph z.B. hatte eine ganz emotionale Großmutter, und zwar eine Großmutter, die soff, und du weißt, was das heißt, eine Familie mit einer saufenden Großmutter! Die hat sich aber viel um ihn gekümmert, und ich hab' oft erlebt, dass die Großmütter oft die einzigen waren, die emotional mit den Kindern umgingen, körperlich und offen, und plötzlich geht das über die Großmütter sehr gut.

ROSA: Das heißt. Das Ficken mit der Großmutter?

HELGA: Ja. Einfach, dass ich ihnen das überlasse, dass sie es gestalten dür-fen, dass sie auch ihre Zeit bestimmen dürfen. So der Satz: Ich hätte viel mehr begriffen, wenn man mir nicht so viel erklärt hätte, dass ich ihnen ihre Zeit lasse, dass sie mich nach zwei bis drei Jahren anrufen und sagen: Helga, wir haben ja damals gar nichts begriffen. So wie der Christoph schrieb: Du hast mir ja damals Liebesbriefe geschrieben, die lese ich jetzt. Nach drei Jahren ist ihm das aufgegangen. Das sind Lernprozesse, und das Lernen tut weh, weil wir so verhungert und vernachlässigt sind in unserem Kopf, mit unseren komischen Räubergeschichten.

ROSA: Bist du aggressiv? Gehst du aggressiv auf die Leute zu und sagst: Jetzt wird gefickt?

HELGA: Nein. Volker hat gesagt, er hätte gar nicht gewusst, dass es so viel Sanftheit gibt. Ich bin wie ein Oberbett.

ROSA: Haben die Leute Angst vor dir, vor deiner Direktheit?

HELGA: Ja klar. Ich komm' ja nicht selber dahinter. Z.B. jetzt mal wieder praktisch. Da haben drei Leute mit mir eine Kassette gemacht. Die waren Karfreitag hier. Eine Tonkassette, es ist sehr schön gewesen. Der eine hat mir gleich hinterher selbst Gedichte gemacht.

In meiner Umgebung fangen die Leute plötzlich an zu malen und Gedichte zu machen. Irgendwie fängt das plötzlich an, anzuregen. Hier war ein Strassenfest im August, und da war dieser Mann, Karl-Heinz. Ich wollte schrecklich gern, dass er mitkommt. Da hab' ich ihn so ein bisschen drängeln müssen, da ist er mitgekommen. Es war unglaublich schön. Aber ein zweites mal ist er nicht wiedergekommen. Ich hatte jetzt einen Auftritt, und da kam er mit seiner Freundin. Ich fragte ihn: „Wie ist das eigentlich, wenn man zu Helga Goetze geht?" Er sagte: „Warm, unglaublich warm!" Mir hat einer mal erklärt: das ist wie in der Physik. Das musst du physikalisch verstehen. Wenn ein Mensch erfroren ist, dann muß man ihn zuerst in einen kalten Raum tun und ihn mit Schnee abreiben. Wenn einer sein Leben lang mit Gefühlen erfroren ist, platzt der Organismus, wenn du ihn warm behandelst, das kann er nicht vertragen.

ROSA: Glaubst du, dass Liebe was Negatives ist? Das Verliebtsein, das auf eine Person bezogene Lieben, dass man sagt: Da ist eine Person, und nur diese eine Person kommt jetzt für mich emotional in Frage…

HELGA: Du, so wie es jetzt ist, ist das alles Krankheit. Wir sind als Kinder so vernachlässigt worden, der Volker hat in seinem neuen Buch „DAS PA-RADIES DER VÄTER" gesagt: Wir können eine Zweierbeziehung im Moment nur auf oraler Basis leisten. Das heißt, wir müssen uns gegenseitig füttern und Sicherheit und Wärme geben. Wir müssen einmal unser Ego auffüllen. Jetzt mal ein Beispiel: Einer, der will ein Auto haben, kauft es. Einmal muß er die Schnauze voll gehabt haben mit Auto, dann kann er auch das Auto lassen. Dann ist es gar nicht mehr so wichtig. So ist das mit allem. Jeder muß einmal sein Ego auffüllen mit Sicherheit und Wärme und gefüttert wer-den. Dann können wir uns erst genital öffnen. Wir haben das nicht gelernt. Im Patriarchat gibt es das nicht. Das sind Augenblickssachen. Wir haben unten eine Vitalschicht, und dann haben wir Haß, Ekel, Aggression, Schleimigkeit, und droben die Charaktermaske. Wenn wir uns mit der Charaktermaske be-gegnen, dann geht das noch einigermaßen. Der hat einen Porsche, und der verdient gut, und sie hat blonde Haare und tätü und Mami und Papi und so. Aber wenn nun die Durchbrüche kommen, plötzlich erinnert sich einer, dieser Mensch zieht die Nase hoch wie meine Mutter. Scheißmutter! Ich muß immer ein Taschentuch nehmen, und die zieht die Nase hoch! Und plötzlich ist er mitten drin in den negativen und kranken Gefühlen. Der kapiert ja gar nichts, der redet immer schön weiter. Das ist unsere Krankheit, die müssen wir be-arbeiten.

ROSA: Wenn du nun 30 Jahre jünger wärst, würdest du dich mit so einer offenen Sexualpolitik vor Angeboten kaum retten können, also es würden praktisch Schlangen stehen, und jeder würde sagen: Mit der möchte ich ficken. Das passiert ja den meisten jungen Frauen, die werden nur als Sexualobjekt gesehen und müssen sich wehren. Wie würdest du dich da wehren? Ich meine, du könntest ja nicht mit 1000 Leuten…

HELGA: In Hamburg war das am Anfang so, dass Tag und Nacht das Telefon ging, und die wollten auch alle einmal mit HG, und alles ist OK. Die dachten, wenn sie einmal mit Helga Goetze bumsen, ist ihr ganzes Problem gelöst. Nachher habe ich gesagt: das könnt ihr euch gar nicht leisten. Ich kann mir auch keinen Porsche leisten. Bei mir kosten die Stunden inzwischen 500 Mark. Also für 500 Mark kann man doch in einer Stunde gar keinen Spaß kriegen. Das haben die auch schon mitgekriegt. Ich hab# denen gesagt: „Ich hab# den Tripper! Was willst du? Faß mich nicht an." Also wenn du mich fragst, wie ich mich wehren soll.

ROSA: Ja, aber ich meine, das ist doch die Situation, der Mann ist erzogen, aggressiv zu sein, zu werben, dauernd zu sagen, wo krieg' ich was zum Ficken her? Die Frau wird erzogen, sich zu schützen. Das heißt, sie wird dauernd angeguckt, angegeilt von allen Seiten und muß ja irgendwo eine Auswahl treffen, sie will nicht nur diesen Fick und dann weg, sondern sie will eine Beziehung, ja?

HELGA: Im Moment verweigern sich die Frauen, und ich bin auch am Verweigern. Auch dieser Mann, der drei Jahre in meiner Nähe ist, eigentlich viele Kenntnisse hat, und sie eigentlich nur dazu benutzte, sich nicht verändern zu müssen, ist eigentlich gegen mich. Wenn er sich ekelt, glaubt er, ist es OK, was soll ich dabei machen? Der soll zu Leuten hingehen, wo er sich nicht ekelt. Aber das ist so, die jungen Frauen, die wollen seine Art auch nicht. Ich sag: Ihr müsst solchen Frust haben, dass ihr nicht mehr vor und nicht mehr zurück könnt. Solange die Leute noch einen neurotischen Ersatz haben, solange sie noch Fernsehen haben oder die Feten und noch ein Kino und noch ein Kino, ist mit ihnen nichts anzufangen. Erst wenn die Leute keine Ersatzhandlung mehr machen können, wenn sie wirklich wissen, ich bin das, und ich hab' Schmerzen, und ich möchte gerne was machen, und an der Stelle kann ich nachher sein, ich bin jetzt am Resignieren, ich weiß den nächsten Schritt nicht mehr, dann ist ihnen zu helfen.

ROSA: Was würdest du einer jungen Frau raten, wie sie sich zurecht finden soll mit Männern.

HELGA: Ich weiß überhaupt nichts mehr. Gestern hat mich eine Freundin aus Hamburg angerufen. 42 Jahre alt, ihre Tochter ist ein halbfarbiges Kind, 16 Jahre alt. „Stell dir vor", sagt sie, „die will doch nun mit diesem Nelson ficken. Aber ich hab gesagt: Bitte nicht in meiner Wohnung. Das geht ja nicht. Du musst Rücksicht nehmen. Da ist doch noch Eddy, der ist erst zehn Jahre alt." Da sagte die Tochter: „Wo sollen wir denn hingehen?"

Die Eltern, die sind Portugiesen. Es gibt nichts in dieser Gesellschaft, die können hinter den Busch gehen. Das haben sie ein-, zweimal gemacht und beim dritten Mal ist nichts mehr. Ich rate überhaupt keinem mehr was. Wo sind jetzt angstfreie Räume zum Einüben der Sexualität? In dieser Gesellschaft kann keiner seine Bedürfnisse befriedigen, weder ein junges Mädchen noch ein altes Mädchen, weder ein junger noch ein alter Mann. Die Männer haben sich noch ein paar Freiräume geschaffen, ihre Schwulität ist ja eine Möglichkeit, körperlich.

ROSA: Hast du lesbische Erfahrungen… Hast du mit einer Frau geschlafen?

HELGA: Ich hab' lesbische Erfahrungen, gefickt, gerührt und…

ROSA: Hat dir das Spaß gemacht?

HELGA: Ja, mit Frauen, die sich verändern wollen, aber mich nicht grabschen wollen. Es gibt ja welche, die wollen mich grabschen.

ROSA: Wie siehst du den Unterschied zwischen einem körperlichen Fick zu einer Frau oder zu einem Mann?

HELGA: Ach, bei mir ist das so, ich will einen Schwanz in der Möse haben, und das andere ist einfach so. Z.B. wir haben mit Friedel auch schon zu dritt gefickt. Nelu, Friedel und ich. Friedel hatte Angst wegen ihrer Schwangerschaft oder so, hatte wohl nichts vorgesorgt, da hat der Nelu bei mir abgespritzt. Das war schon warm, mit Friedel habe ich mich gut gefühlt. Aber die

Natur ist die Natur, ich habe die Natur nicht gemacht. Ein Baum ist total androgyn, der Stamm ist der Schwanz, die Krone da oben ist die Möse.

OH SCHÖNER BAUM, OH SCHÖNER BAUM
Wie stark ist doch dein Stamm nur
Du fickst nicht nur zur Sommerzeit... nein auch im Winter

Wenn ich singe in einer Veranstaltung und es ist gerade mal Unruhe 'reingekommen, dann ist alle Unruhe weg. Ich sag': „Jetzt sing' ich schnell ein paar Weihnachtslieder. Weihnachten kann jede Nacht sein.
ROSA: Bist du jeden Tag unterwegs?
HELGA: Nein. Ich bin immer hier und das einzige, was ich mir jeden Tag eine Stunde im Cafè hole, ist Kommunikation. Ich spreche immer Leute an. Z.B.: Vorgestern traf ich eine Frau mit einem mongoloiden Kind, die ist 27, das Kind ist ein Jahr, und der Mann ist auch 27. Der Mann ist total regrediert, der spielt Baby. Sie muß heizen, sie muß den Mann wecken, dann brummt er sie noch an. Aber wenn der Mann das Baby schmust, dann ist sie total eifersüchtig. Er soll sie schmusen, und sie sagt: „Ich weiß nicht mehr, was ich soll. Ich muß von da weggehen, aber wohin? Ich hab' doch kein Geld." In dieser Gesellschaft kann man nichts machen. Ich rate keinem mehr was. So laut schreien, dass man sagt: Zuerst das Ficken und die Freude für all die ausgegeilten Leute, und dann die Arbeit und das Wissen und miteinander leben müssen. Das mit diesem „Ficken ist Ökologie", das ist mir erst kürzlich aufgegangen. Ich hab' das Buch von Herbert Gruhl gelesen: EIN PLANET WIRD GEPLÜNDERT! Da schreibt er: Auch die Marxisten haben einen falschen Rechenansatz. Die rechnen Erde, Wasser, Luft nicht mit. Das bedeutet, jeder schmeißt seinen Scheiß ins Meer, bis das Meer umkippt. Man merkt immer erst an den Schäden die Ökologie. Da ist mir aufgegangen, so ist das mit Sexualität. Die saufen, die rauchen, die haben nachher Krankheiten, und erst wenn die Krankheiten auftreten, dann machen sich die Leute Gedanken über Spannungen. Ich lese in keinem Buch, dass das Ficken wichtig ist. Das ist eine Art privater Jux, den man sich von Zeit zu Zeit leisten kann. Ich will, dass Sexualität eine Grundtatsache ist, es gehört zum Leben dazu. Wenn ich morgens gefickt habe, kann ich besser arbeiten, wenn ich abends gefickt habe, kann ich besser schlafen. Ich bin primitiv.
ROSA: Wie ist dein Tagesrhythmus? Hast du einen bestimmten Rhythmus, bist du Frühaufsteherin oder...
HELGA: Naja, im Moment ist das so, dass ich nicht früh aufstehen muß. Ich stehe um acht oder neun auf. Montags hole ich mir den SPIEGEL, donnerstags die ZEIT. Dann mache ich jeden Tag Aufzeichnungen über das, was ich erlebe. Ich schreib jeden Monat 50 bis 100 Seiten. Ich hab 30 Aktenordner vollgeschrieben, das ist immer so ne Art Katharsis.

ROSA: Das machst du seit 1973?

HELGA: Seit 1970. Ich sammle seit 1952 alle meine Durchschläge, alles, was ich damals an Familienbriefen geschrieben hab, das ist nicht viel, aber es könnte auch Material sein. Ich wollte das schon alles wegschmeißen, aber Volker sagte: „Wehe!"

ROSA: Du hast nur ein einziges Buch mit Gedichten veröffentlicht?

HELGA: Ich hab bei Castaneda einen schönen Satz gelesen: Der Krieger schreibt als Lehrling. Ich dachte: Das ist schön! Ich schreib' also nicht wegen des Effekts, sondern nur, um Druck zu lösen.

ROSA: Du bietest deine Sachen auch nicht an?

HELGA: Nee, ich weiß nicht mehr, wo ich's anbieten soll. Ich habe sie mal an den Helmut Braun Verlag geschickt, weil mir eine sagte, die wären aufgeschlossen, da in Köln. Da hab' ich einen Zwischenbescheid gekriegt und nachher nen Brief, sie hätten großes Interesse, aber das wäre alles so privat, und daraus könnte man doch keine Literatur machen, sie wünschen mir einen guten Sachbuch-Verlag.

Hier: Ich bin so allein und die Leute rennen alle ins Kino, der Supermann, die Killer, lange erwartet. Hier ist die Rosenecke, und das ist die Großmutter, die macht Doktorspiele mit den Kindern, und Frauen und Kinder haben keine Seele, und die Kinder sind böse von Jugend an. Das sind Sprichwörter im Patriarchat. Der Krieg ist der Vater aller Dinge, und die Liebe sollte die Mutter aller Menschen sein, aber das haben wir nicht gelernt. In dieser Gesellschaft, so wie wir sind, ist nichts zu erwarten. Ich gebe keinem mehr Trost und Hoffnung. Ich bin hier keine Maria, die das alles auf sich nimmt.

ROSA: Bist du viel allein?

HELGA: Ja. Aber das ist auch meine selbständig gewollte Einsamkeit. Sonnabend war ich z.B. zu einer Party eingeladen. Du, da bin ich drei Stunden gewesen, hab' die letzte halbe Stunde mit meinem Neurotikerkleid getanzt und bin dann weggegangen. Die tranken ein Bier ans andere. Das war nicht mein Fest.

ROSA: Du hast die Energie und die Disziplin, viel zu schreiben und viel zu malen. Du liest auch sehr viel?

HELGA: Ja. Dann immer mit diesem Malen, das ist ja für mich irre. Paß auf! Da kann ich dir eine Geschichte erzählen. Hinter dir ist ein Bild, das heißt „Sophia". Ich habe ein Buch gelesen, MENSTRUATION, MAGIE, HEILEN. Das handelt von einer Therapeutin, die mit sechs Frauen auf die Reise nach innen gegangen ist, und zwar Frauen, die starke Menstruationsbeschwerden hatten. Wir Frauen sind eigentlich alle unglaublich beschämt an der Stelle, Schweinerei! Beim Lesen hab' ich sehr viel geheult, hab' auch sechs Seiten abgeschrieben. Da stand drin: Man soll mal nach innen sinken in seine Gefühle und sehen, wer sein objektiver Berater ist und wer sein subjektiver Berater ist. Auf einmal hab' ich gedacht: Mein objektiver Berater sind Maria und

Jesus. Und zwar, Maria, diese Scheißtrine, die hat sich von den Männern in den Himmel setzen lassen. Ich zog Maria an ihrem blauen Kittel, jetzt mal 'runter hier auf die Erde! Immer wird den Kindern ein Kreuz aufgerichtet. Du stehst am Kreuz und weinst, du hast die Kreuze miterrichtet. Ich sag: Jetzt hier auf der Erde Ordnung machen, Maria! Hör mal, dein dummer Spinnkram, den du da machst, und die Männergeschäfte, die du wieder alle in Ordnung bringst, weil die dich da als Attrappe benutzen, das will ich nicht mehr. Jesus ist ja schon in Ordnung, der hat gesagt: Wer ohne Fehler ist, werfe den ersten Stein. Und liebe deinen Nächsten wie dich selbet. Das sind hier meine objektiven Berater, paß auf. Hier ist Maria und das ist Jesus. Jesus guckt die Möse seiner Mutter an. Wir müssen alle an die Möse unserer Mütter zurück, jeder Mann und jede Frau. Dann hab' ich hier einen Schleier gemalt. Und zwar oben ist der blau, das hat was mit denken zu tun, und grün hat was mit Tatkraft zu tun. Und da hab' ich das auf mein Kleid gemalt, das ist das Motiv, das Tabernakel, das Geheimnis.

ROSA: Dieses Kleid ziehst du öfters an?

HELGA: Naja, ich hab' immer ein bisschen Angst, weil das ja nicht gewaschen werden kann. Dann hab' ich drüber nachgedacht, und da ist ganz was Irres passiert. Als ich nachdachte, wer mein subjektiver Berater ist. Ich habe 1969 ein Gedicht geschrieben, als ich noch nicht wusste, dass ich ein Dichter bin, und zwar über Sofia. Sofia heißt die Weisheit. Meine subjektive Beraterin ist Sofia.

SOFIA, SCHÖNE STILLE SCHWESTER
ALLER MEINER WEGE

Du warst bei mir, seit meinem Anbeginn
Der Engel und die Magna Martha
Eva Maria, du warst der allerletzte Sinn
Ach all das Denken und das Wollen
Des großen Bruders fordern Kraft
Der Logos hat mich oft in seinen Bann geschlagen
Doch langsam nahet die einsame, die allerletzte Nacht
Was habe ich erreicht und was geschaffen
Hier war's ein Lächeln, doch auch oft Versehen
Der Logos weist mir seine scharfen Waffen
Doch du, du allermildeste
Du zeigtest dein Verstehen
Sieh dir den Garten an
Du siehst dein Wesen
In stillen Farben eingebettet in das sanfte Grünen
Es ist viel Kampf, bis dass die Saat zerblüht, genesen
Doch endlich endet alles wohl in Harmonien.

Anhang

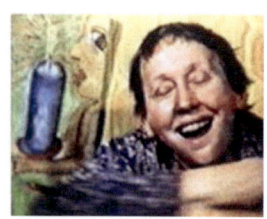
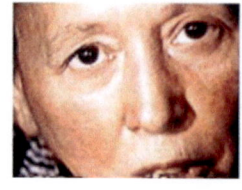
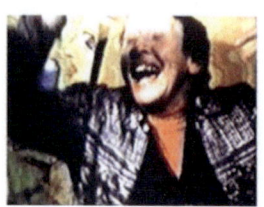

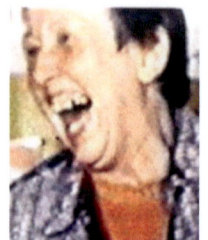
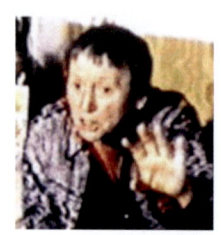

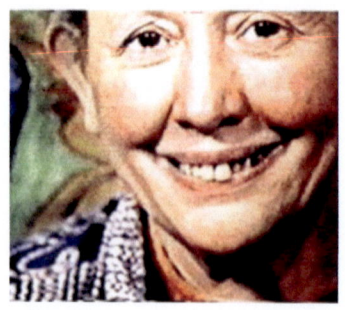

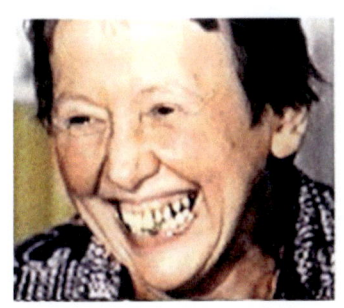
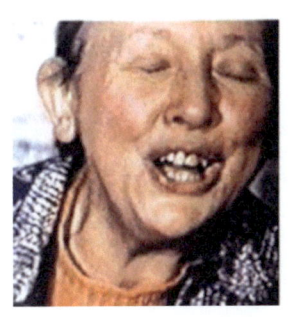
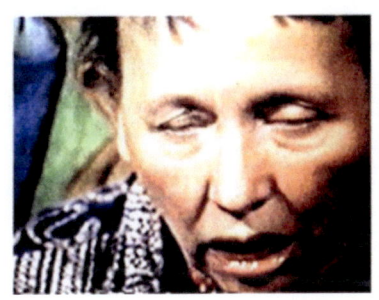
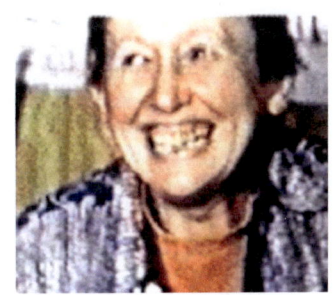
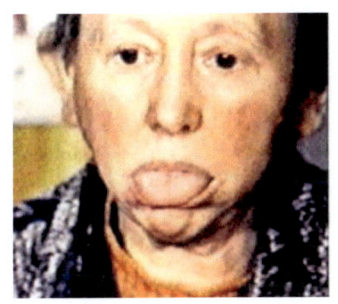
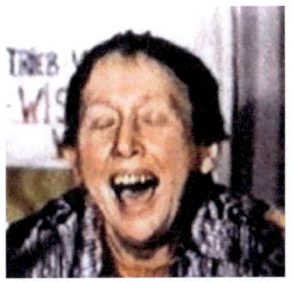

75

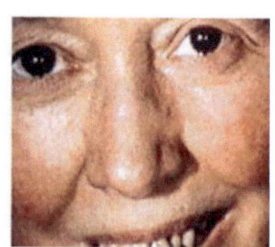
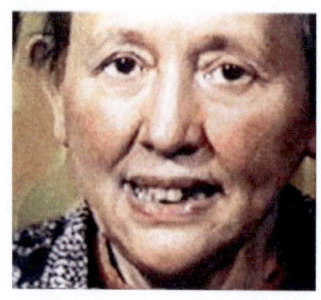
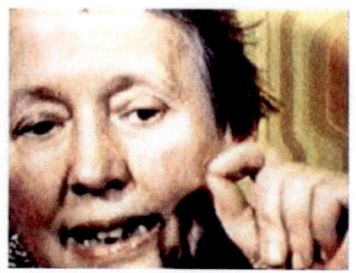
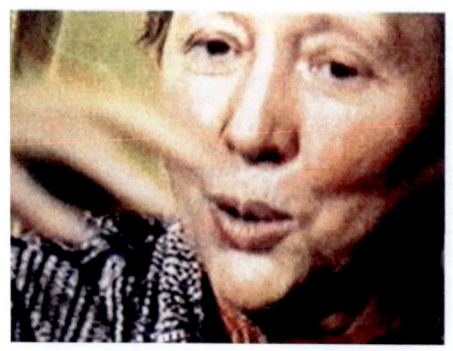

Helga in der
Berliner U-Bahn

Helga in ihrer
Wohnung

ca. 1980

Auf dieses Anfang der 80-er Jahre entstandene Bild (Repr. einer Kopie) bezieht sich Helga auf den Seiten 14/15.

Die in den Film montierten Ausschnitte des Interviews

Der gesamte Film „Rote Liebe" ist 1 Std. 21 min lang. Davon gehen die 17 Interview-Ausschnitte mit der Hauptdarstellerin Helga Goetze über gut 43 Minuten. Das ganze Interview von R. v. P. mit H.G.S. dauert ca. 3 Stunden.

1. Ausschnitt: *4:38 min (S.* **47/48**) *1 Teil*
2. Ausschnitt: *3:21 min (S.* **48 + 48/49**) *aus 2 Teilen montiere Sequenz*
3. Ausschnitt: *2:17 min (S.* **50 + 51**) *aus 2 Teilen montierte Sequenz*
4. Ausschnitt: *1:39 min (S.* **52**) *1 Teil*
5. Ausschnitt: *3:24 min (S.* **52/53**) *1 Teil*
6. Ausschnitt: *1:26 min (S.* **53/54 + 55**) *aus 2 Teilen montierte Sequenz*
7. Ausschnitt: *4:35 min (S.* **56 + 59/60**) *aus 2 Teilen montierte Sequenz*
8. Ausschnitt: *4:13 min (S.* **19/20 + 23/24**) *aus 2 Teilen montierte Sequ.*
9. Ausschnitt: *1:25 min (S.* **24**) *1 Teil*
10. Ausschnitt: *2:00 min (S.* **24/25**) *1 Teil*
11. Ausschnitt: *2:50 min (S.* **38 + 44/45**) *aus 2 T. montierte Sequ.*
12. Ausschnitt: *2:07 min (S.* **26/27**) *1 Teil*
13. Ausschnitt: *3:24 min (S.* **28/29**) *1 Teil*
14. Ausschnitt: *1:17 min (S.* **63/64 + 64/65**) *aus 2 T. montierte Sequ.*
15. Ausschnitt: *2:10 min (S.* **40/41**) *1 Teil*
16. Ausschnitt: *2:06 min (S.* **35/36**) *1 Teil*
17. Ausschnitt: *0:46 min (S.* **46**) *1 Teil*

Die Film-Passagen sind *kursiv* gedruckt. Einige Sätze aus dem Film wurden im 1982-er Buch-Text nicht wiedergegeben. Sie sind <u>unterstrichen</u> abgedruckt..
Die in den Film aufgenommenen *kursiv* gedruckten Passagen werden zu Beginn und am Ende durch **fett** gedruckte Numerierung herausgehoben, z.B. **<(8a) … (Ende 8a)>**. R.v.P. wählte seine Interview-Ausschnitte nicht in einer dem Gesprächsverlauf folgenden chronologischen Weise aus, sondern fügte die Gesprächschnipsel seiner künstlerischen Strategie entsprechend zusammen.

Text-Vergleiche

Das oben abgedruckte Gespräch zwischen Rosa von Praunheim und Helga Goetze Sophia ist die Kopie eines 1982 im Prometh-Verlag erschienenen Buch-Textes. Geändert wurden nur krasse Übertragungsfehler (Beispiele: Im 1982-er Buch wird Helgas Bruder als „elfeinhalb" Jahre jünger beschrieben; richtig ist: er war „eineinhalb" Jahre jünger: S. **14**).

Bei mehrmaligem Ansehen des Films und Vergleichen des Gesprächs mit dem Buch-Text von 1982 fiel mir auf, dass die seinerzeitige Übertragung insgesamt ungenau ist. Um dies an einem Beispiel zu veranschaulichen, wird im Folgenden der erste Film-Ausschnitt (S. **47/48**) zur Hälfte **wörtlich** wiedergegeben:

(1) totale Ängste du. Da hat der Volker in München auch erzählt, dass er mit mir gefickt hat, und da waren die Frauen total entsetzt, weil jede Frau weiß, in welcher Preislage man zu ficken hat – und jedenfalls nicht mit solcher alten Tante, die da –zt- peinlich redet. – Hehe-
ROSA: *Ich meine, vielleicht gleich was zum Alter. Was bedeutet für dich Alter, wie-*
HELGA: *Also ganz mit mir in Einklang gekommen bin ich 1977. Und zwar hab ich da, ich hab' im Holocaust-Film als Statist mitgespielt, und zwar war ich um die Zeit in Österreich in dieser Kommune von Otto Mühl. Da war ich schon '75, '76 und '77. '77 war ich viereinhalb Wochen da. Und da hieß es, die Amerikaner drehen in Wien 'n Film, und sie brauchen 20 Statisten, von so jungen Fraun, und ob ich mitkäme? Und bin ich mitgekommen. Und da waren noch 10 Frauen aus'm Obdachlosenansyl. Und nun mussten wir uns da nakkend ausziehen und diese Frauen genierten sich. Ich sagte: „Hier ist doch keine Mama", und: „interessiert doch keinen, und ihr kriegt doch Geld für das Ausziehen, ne? Und da hab' ich an mir selber gemerkt, dass ich plötzlich diese schiefen und krummen Frauen angucken musste. Die eine hatte den Arsch so hängen, die andere hatte den Busen so hängen, und plötzlich war mein Auge immer...so..pf... das war gelebtes Leben, und das war auch nicht irgendwie so von ‚alt' und so, sondern: da hab' ich mir das so klar gemacht: Wenn du ne Reihe Birken siehst, das sind junge Stämme oder so, dann guckst du nicht den einen Stamm an, weil: jeder Stamm, der hat noch keine Gestalt, vastehste, aber wenn du'n einzelnen Baum siehst, n alten einzelnen Baum, du, hier ist'n Ast abgebrochen, und der ist knorrig und windschief oder so, aber die Gestalt eines Baumes, und da hab ich mich mit mir versöhnt... das ist meine Gestalt. Hörmal! Zum Beispiel hab ich, und so'n Nabelbruch, da hat Volker mal so niedlich gesagt „Das ist dein Knubbel, dich kann man auch im Dunkeln erkennen und so, waah!!... und zum Beispiel meine Brüste, die*
zeig ich auf der Straße (holt Brüste raus), *dann sagt 'ne junge Frau: „Das Nähren verdirbt die Figur!" Ja sag ich, weiß ich. Ich hab sieben Kinder immer ein Jahr genährt, meine Brüste sind ein bisschen weich, wie Pudding, aber manche mögen Pudding. Die Geschmäcker sind, Gott sei Dank, verschieden. Ich nehme ja auch kein Längenmaß mit und meß die Schwänze ab, sondern die Gefühle, die ich dadurch kriege, das ist das, was ich will. Da hab ich ganz langsam – das auf der Straße war auch wichtig für mich ...also ich hab dann*

*viel – bin von zu Hause fortgegangen, hab dann n halbes Jahr lang bei
diesem Wolfgang gelebt mit seinen schwulen Freunden, da hab ich sehr viel
über Homosexualität mitgekriegt."*
ROSA: *In Hamburg?*
HELGA: *In Hamburg. ...*

Aus dem *Original* (s.o.) <*"und sie brauchen 20 Statisten, von so jungen
Fraun"*> wurde *"... sie brauchen zwanzig junge Frauen als Statisten"* (S. 47).
Helga war bei den Dreharbeiten 54 Jahre alt. Ich bezweifle, daß sie als
"junge Frau" gesucht wurde. Es könnte auch sein, dass der Film *"von so
jungen Fraun"* gedreht wurde – erscheint mir zumindest plausibel.
Im Gespräch mit der Frau, die moniert, dass das Nähren die Figur verdirbt,
erwidert Helga im Original-Text (s.o.): <*"Ja sag ich, weiß ich"*> Daraus wurde
<*"Na", sage ich, "ich weiß nicht"*>.
Mehrere Sätze (oben unterstrichen wiedergegeben) fehlen in der 1982-er
Wiedergabe des Interview-Textes ganz.
In fast allen Text-Passagen finden sich Ungenauigkeiten.
Beim Korrekturlesen vor der Veröffentlichung 1982 hätte die Ungenauigkeiten
zunächst R. v. P. bemerken müssen, der das „Abschreiben" selbst besorgte
oder machen ließ, und danach hätten sie auch Helga auffallen müssen. Wie
ich sie kenne, war sie aber wahrscheinlich viel zu euphorisch, freute sich zu
sehr über Film und Film-Buch, um das Buch auf Ungenauigkeiten zu überprü-
fen.
Leider ist das Abgleichen und erst recht das wörtliche „Abschreiben" des
Film-Originaltextes ungeheuer aufwendig: Ich brauchte für gut 2 Minuten Film
ca. anderthalb Stunden. Bei 43 Minuten Film-Text wäre ich so auf gut 30
Stunden zusätzliche Arbeit gekommen. So beließ ich es (s.o.) bei dem einen
Beispiel.
In diesem Zusammenhang ist noch anzumerken: Der Regisseur gab Helga
auf denkbar knappe Weise sein Einverständnis für die Neuausgabe des
Buchs. Es war nicht möglich, mit ihm vor der Wiederveröffentlichung ein Ge-
spräch zu führen. So konnte ich mir weder das gesamte mehrstündige In-
terview im ursprünglichen Filmmaterial ansehen noch dem Regisseur ir-
gendwelche Fragen stellen.
„Typisch 68-er", denke ich.
Vielleicht wirken meine Anmerkungen pedantisch. Vor 20 Jahren wäre diese
Kritik wohl als „formalistisch" oder „ästhetizistisch" degoutiert worden. Die
Vitalität und Originalität des Films bleibt gottlob davon unberührt. Helgas
emotionelles Sprechen, Herantasten an Formulierungen, das ständige Ein-
beziehen ihrer Stimmungslage, ihr programmatisches „an den Gefühlen arbeiten!" sind authentisch. Die Frau gibt sich nicht mit schematischen Erklä-
rungen zufrieden, sondern will schonungslos ihre *innere Realität* darstellen,

ohne einen „schönen Schein" aufzubauen und Schwächen zu kaschieren. Im Film berührt und bezaubert sie mit ihrer Lebendigkeit. Da wirkt sie unmittelbar als Mensch, Persönlichkeit. Ich finde es aber naiv, in gewisser Weise sogar gefährlich, ausschließlich auf Inhalte zu achten. Auch wenn Helga sich als „Hausfrau" outet: Sie ist auch Künstlerin. Es geht stets um inhaltliche *und* formale Aspekte. Sowohl beim Dichten wie auch beim Malen und Filmen, und generell in jeder Kommunikation.

Das „Witzige" oder Paradoxe an dem Film ist m.E., dass hier zwei „zusammengefunden" haben, die thematisch bestens harmonieren: Sex und Gefühl sind sowohl für R.v.P. als auch für H.G.S. das Wichtigste im Leben. In anderer Hinsicht gibt es auffällige Unterschiede. Helga vernachlässigt Reflexion und intellektuelle Auseinandersetzung mit formalen Aspekten beim Dichten zugunsten eindeutiger, plakativer Aussagen. Typisch für diese Haltung ist auch, dass sie Wissenschaft generell nicht hoch einschätzt – einschätzte, muß ich sagen: in den Briefen, die sie seit vielen Jahren verschickt, setzt sie sich (inzwischen) auch mit wissenschaftlichen Texten auseinander. Rosa von Praunheim dagegen, Künstler und Intellektueller, ist von Form total fasziniert; er experimentiert (wie die Schnittweise in diesem Film zeigt), spielt mit Bruchstücken.

Helga malt auch, seit ca. Anfang der 80-er Jahre. Auch in der Malerei geht es ihr, auch wenn sie Themen variiert, vor allem um inhaltliche Aussagen. Das zeigt sich u.a. darin, dass sie immer wieder Text-Ausschnitte in ihre Bilder einarbeitet.

Ich bin hin- und her gerissen. Auch von dem Film.

Beim ersten Anschauen empfand ich das, was R.v.P. von der ursprünglichen Film-Handlung übrig gelassen hatte, als total gekünstelt und langweilig. Der Regisseur hatte sich von einem Erzählband Alexandra Kollontais inspi-rieren lassen. Es geht in dem Buch um die Geschichte einer jungen Revolutionärin, die sich in der Frühzeit der Sowjet-Union in einen ehemaligen Anarchisten verliebt, der zum Bourgeois wurde. A. Kollontai propagierte, wie Helga Goetze heute, die *freie Liebe* und *Sexualität*. Mit dem Unterschied, dass die Russin eine einflussreiche Politikerin und Diplomatin war, der es aber trotz ihrer Machtposition nicht gelang, ihre emanzipatorischen, gegen das Patriarchat gerichteten Ideen, dauerhaft in der Gesellschaft zu verankern. Inzwischen habe ich mir „Rote Liebe" wenigstens zehnmal angeschaut – und bin zunehmend fasziniert von der aufgesetzt wirkenden Rahmenhandlung. Ich ertappe mich bei dem Gedanken: Je gekünstelter, desto besser!

Dies ändert nichts daran, dass Helga die strahlende, über sich selbst hinauswachsende Hauptdarstellerin ist.

Raimund Samson, Mai 2007

Rote Liebe im Internet

Unter dem Stichwort **rote liebe** fand ich 90.200 Meldungen. Bei amazon.de wird der Film „gebraucht ab 39,90 €" angeboten und „als Sammlerstück" für „99,99 €". Ein Info-Heft mit farbigem A4-Plakat kann für 35 € erworben werden.

Auf der Suche nach Besprechungen des Films klickte ich auf **film-rezensionen** und kam auf 5.190 Meldungen, fand jedoch keine „rote liebe"-Besprechung.

Beim Anklicken auf **rote liebe film-rezensionen** kam ich auf 87 Meldungen, die sich jedoch alle nicht auf den R.v.P.-Film bezogen.

Unter **rosa von praunheim** gibt es 8.400 Meldungen, darunter auch die Website des Regisseurs. Bei ihm kann man die Film-Kassette für 25 € (incl. Versand) bestellen (etwa so viel bezahlte ich vor anderthalb Jahren, als ich die Kass. in einer Videothek bestellte).

Helgas Website-Adresse ist **www.helgagoetze.de**
Wer im Web sucht, finden sich 983 Hinweise … (Stand Februar 2007)
Helgas Anschrift in Berlin lautet: Schlüterstr. 70, 10625 Berlin (Besuche nur nach Vor-Anmeldung)

Vorliegendes Info-Material
Rote „Liebe", Prometh-Verlag Köln
Tipp 4/82 Film-Bericht
Info-Heft 1982 mit farbigem A4-Plakat
Plakat (s/w/rot) zur Uraufführung am 20. Februar 1982 in Berlin
Film-Rezensionen aus „Hollywood Reporter", „Variety", „Reader", „L.A. weekly", „L.A. TIMES" (englisch)
Zitty 5/82 Besprechung

Der Film „Rote Liebe" kann in jeder guten Videothek oder beim Regisseur (**www.rosavonpraunheim.de**) bestellt werden. Eine DVD-Version gibt es bisher nicht.

Dank für technische Hilfe und Beratung an Tim Voss, Roswitha Stein, Tobias Freye und Bettina.